JN350075

생태 감수성을 기르는

그림책 수업

일러두기

- 외래어 표기는 국립국어원의 원칙을 기본으로 삼되 인명이나 지명 등 통상적으로 굳어진 표현과 그림책에 등장하는 고유 명사 등은 해당 표기를 따랐습니다.
- 본문에 등장하는 책의 출간 연도는 현재 유통되는 판본의 발행 연도를 기준으로 삼아 표기했습니다.
- 책 제목은 『 』, 잡지, 신문, 영상물 등은 < >로 표기했습니다.

그림책
학교 12

생태 감수성을 기르는 그림책 수업

기후 위기 극복 위해
생각을 바꾸고 행동을 이끄는
생태 전환 교육

이태숙 지음

학교도서관저널

여는 글

기후 위기, 실감하나요?

2021년 7월 19일, 오후 1시에 조퇴를 신청하고 하던 일을 마무리 지어야겠다고 생각하며 집중하고 있었다. 마무리하고 시계를 올려다보니 오후 2시가 다 되어 간다. 어이쿠, 나가 봐야겠다 싶어 가방을 정리하고 종이 가방에 가져갈 책을 몇 권 담고 나가려니 완전 폭우다. 굵은 빗줄기가 그냥 내리꽂힌다. 복도로 나가 운동장을 보니 순식간에 물웅덩이가 여기저기 생긴다. 집에 가서 저녁에 있을 줌으로 하는 수업을 준비하려던 난 주저앉았다. 다시 컴퓨터를 켜고 일을 시작했다. 비는 예고되어 있었다. 출근길에 그 맑고 파란 하늘을 보며 일기 예보를 잠시

의심했다. 그런데 정오가 가까워지며 구름층이 두꺼워지더니 비가 내린 거다. 그 많은 비를 어떻게 공기 중에 품고 있었는지 의심이 들 정도로 퍼부었다. 한 시간쯤 지나니 빗줄기가 가늘어졌다. 내가 나오던 오후 3시 30분경은 우산 쓰기 민망한 이슬비였다.

이런 기습적인 폭우를 나만 경험하는 것은 아닐 것이다. 마른 하늘의 천둥 번개를 자주 접하고, 30분에서 1시간 정도 내리는 비를 흔하게 만난다. 비가 그치면 언제 그랬느냐는 식으로 하늘은 말간 모습을 보여 준다. 비가 오는 날의 수가 확실히 많아졌다. 기상청 관계자의 말은 비의 총량은 예전에 비해 많아진 것은 아니나, 비가 오는 날의 수가 늘어 농작물의 자람에 영향을 미친다고 한다.

강우만 변했을까? 덕수초에 근무할 때 덕수궁의 모란 피는 시기가 나에게는 관심사였다. 모란이 절정이면 친구를 불러 모란도 보고 전시도 보기 때문에 날짜를 잘 잡아야 한다. 2020년에는 4월 마지막 주에 친구들을 초대했다. 2021년에는 4월 21일에 모란을 보러 갔다. 약 일주일에서 10일 정도 개화가 빨라진 거다. 이렇게 개화가 빨라졌는데 벌과 나비는 이 빨라진 개화 시기를 알고 있을까? 같은 해 4월 26일 월요일, 등교하던 난

어리둥절했다. 선원전 터에 마구잡이로 자란 아까시나무에 하얗게 꽃이 폈다. 저 나무는 개화 시기가 5월이다. 물론 빌딩이 우후죽순처럼 즐비한 서울 한복판의 기온은 다른 곳과는 다르다. 그래도 같은 나무의 개화 시기만을 놓고 봐도 자꾸 빨라진다. 꽃이 펴 반가운 것이 아니라 그 빨라지는 시기가 당혹스럽다. 학자들이 말하는 것이 정말 사실이었다는 걸 내 눈으로 확인하는 순간이었다.

2023년 1~2월 세계 곳곳의 날씨는 어땠는가? 설 연휴를 지나며 우리나라는 극심한 한파에 시달렸다. 일정한 방향으로 흐르던 편서풍(제트기류)이 온난화로 사행하면서 북극의 한기가 내려왔기 때문이다. 미국의 동부와 내륙도 같은 이유로 2월까지 폭설과 한파에 시달렸다. 그런 반면 남반구의 여러 나라는 수온이 상승해 폭우와 태풍으로 많은 피해를 입었다.

나는 의도하지 않았으나 어느새 불편한 이야기를 하는 교사가 되었다. 사람들이 회피하고 외면하고 싶은 주제들을 자꾸 언급하는 불편한 사람이다. '인권 감수성'에 대한 책을 쓸 때도 이 불편한 이야기를 왜 이렇게 나서서 하는 것일까? 나를 돌아보았었다. 그때 나를 가만 위로한 말은 '우리 사회가 나아가야 할 방향인데 어린이를 바르게 이끄는 것이 중요하지. 교사가 변해야 교육이 변하고, 아이가 변해야 미래가 변한다'였다.

첫 책에서 환경에 대한 언급을 하나의 장으로 쓸 때(2018년) 기후 위기에 대한 인식이 높은 것은 아니었다. 내 공부가 얕아서 깊이 있게 작품과 상황을 알아보지 못했던 거다. 그런데 기후 위기 공부를 하며 보니 가만히 앉아서 '누군가 해결해 주겠지' 하는 마음으로는 희망이 없다는 걸 알게 되었다. 공부하며 그림책을 바라보니 아주 훌륭한 교재였다. 그리고 최근 들어 그림책으로 기후 위기를 이야기하는 책이 정말 많아졌다. '기후 위기'라는 인식이 '세계 생태 시민'의 연대를 이끌어, 기후 행동으로 지구를 구하고자 하는 열망에서 시작된 현상이다.

2020년 말에 서울시교육청으로부터 연락이 왔다. '인권 감수성'이 아니라 '생태 전환'으로 연수를 열어 보자는 제안이었다. 당시에 읽고 있던 책이 호프 자런의 『나는 풍요로웠고 지구는 달라졌다』(김은령 옮김, 김영사, 2020)였다. 그래서 그 자리에서 제안을 받아들이는 업무 메일을 보냈다. 내가 맡은 부분은 그림책으로 풀어 나가는 강의겠지만 그림책만 가지고 강의를 할 수는 없다. 그 제안이 들어온 날부터 생태학, 동물사회학, 숲 생태학, 기후 위기의 책들을 읽어 나가며 공부에 매달리기 시작했다. 나무와 숲, 식물의 이야기는 늘 관심 대상이어서 익숙한 부분부터 들어갔다. 공부하면 할수록 내 생활을 돌아보게 되었다. 플라스틱 사용을 최소화하는 것은 물론 에너지 소비를 줄이는 것, 옷 소비를 줄이는 것, 먹는 것의 패턴을 바꾸는 것 등 지구를 위한 나의 행동으로 여러 방면에 손을 봐야 했다. 지금도 여타의 환경운동가들처럼 난 완벽하지 않다. 몽롱한 정신을 깨울 때 커피 믹스를 먹어야 하고, 정신 놓고 다니다 우산을 잃어버리고 비닐우산 사는 것을 고민하지 않으며, 김밥집에서 김밥을 비닐봉지에 담아 줘도 마다하지 않는다. 한마디로 어설픈 사람이다. 하지만 이제 어떻게 변해야 하는지, 어떻게 하면 변할 수 있는지 고민하며 몸을 이동시키는 중이다.

몇 차례 선생님들을 모시고 온라인 연수를 진행하다 보니 뭔가 참고할 책이 있었으면 좋겠다는 생각이 들었다. 『인권 감수성을 기르는 그림책 수업』을 쓸 때도 그랬는데, 강의를 이어 나가며 '이 일이 내 일이겠구나' 하는 마음이 들었다. 하지만 써야겠다 생각하고 많은 시간이 흘렀다. 최근 들어 기후 위기를 말하는 신간이 엄청나게 출판되고 있으며, 각각의 미디어에서도 수없이 강조하고 있다. 챙겨 보고 읽어 나가는 것이 버거울 지경이다. 그렇다고 안 읽고 무엇인가 아는 척할 수는 없었으며, 지향하는 책이 객관적 자료를 함께 제시해야 한다는 부담은 스스로한테 자격이 있느냐는 질문을 수없이 하게 했다. 그러다 '10차시 수업안을 짠다면 어떨까?' 생각을 바꾸니 이제는 글을 써야겠다는 생각이 들었다. 쓰다 보니 몇 개의 주제가 늘어났다.

기후 변화의 수치나 과학적인 근거를 제시하며 쓰는 글은 과학자에게 맡기고, 난 그런 글들을 풀어서 보편적 사실을 바탕으로 문장을 써 내려갔다. 어느 책에서 어떤 내용을 읽었는지 머릿속에서 뒤엉켜 출처를 밝히며 쓰지 못했다. 읽은 책들은 참고문헌으로 올린다. 이 책들에 은혜 입은 바 크다.

그림책을 활용해 생태 감수성을 기르는 교육은 피교육자의 마음에 다가가기 쉽다. 그림책은 주인공의 가슴속 이야기를 하니, 독자의 감성을 자극하여 받아들이게 한다. 그래서 작가들은 기후 위기의 이야기를 정보책의 형식에 담기보다 주인공을 내세운 이야기 서사 구조에 담는다. 하지만 전달자(교사나 학부모)는 정보의 실상을 알아야 한다. 그림의 의미를 파악할 수 있어야 하고, 서사의 내용이 무엇을 의미하는지 알아야 하며, 그림책에서 보여 준 모습이 현실에서 어떤지 설명할 수 있어야 한다. 생태 감수성 교육이 그림책으로 하는 다른 교육 활동과 다른 점이 바로 이것이다. 기후 위기는 이야기 속의 상상이 아니라 심각한 현실이기 때문이다.

생태 감수성 교육의 목표는 생태 전환이다. 생태 전환은 인간이 생태계의 일원으로 사고방식은 물론, 생활방식까지 생태 유지를 위해 전환되어야 함을 의미한다. 모든 생물이 위기 의식 없이 살도록 하려면 우리는 지금 삶의 방식을 고집해선 안 된다. 편리함으로, 인간 중심 환경 이해로 살아가선 미래를 장담할 수 없다. 인간 중심의 사고를 생태 중심으로 전환하여 불편함을 받아들이고 기후 행동을 하는 우리가 되어야 한다.

교육은 변화를 만들어 나가는 일이다. 여름 방학식을 하는 날 우리 반 아이가 보낸 편지에는 양면 인쇄가 안 되는 프린터기를 수동으로 조작하여 양면으로 인쇄하고 있다는 이야기, 비닐보다는 장바구니를 쓰는 습관이 생겼다는 이야기, 나무젓가락과 플라스틱 숟가락도 쓰지 않는다는 이야기와 함께 기후 행동을 할 수 있도록 가르쳐 주어 고맙다고 했다. 또 어떤 친구는 플라스틱이 환경 오염의 대명사라고 생각하면서 자신은 플라스틱을 별로 사용하지 않아 기후 위기에 영향을 미치지 않는다고 생각했는데 그건 완전 착각이었다는 이야기를 했다. 불편하다고 회피하고, 괜찮다고 미루면 변화할 기회를 놓치고 막바지로 치닫게 된다. 교육은 공평하게 변화의 기회를 주는 일이다.

그동안 이 분야의 그림책을 모은 것이 300권 넘는 것 같다. 이 책을 다 소개할 수는 없으나 차시마다 참고 목록을 올렸다. 목록의 책이 도서관에 있으면 그 책으로 수업을 진행해도 된다. 학교 도서관에 환경 관련 그림책과 환경 도서가 늘어나도록 하는 것은 관심 있는 선생님들의 요구로 변화할 수 있다. 그 변화의 수혜자는 우리 아이들이 될 것이며, 지구가 될 것이다.

충분한 자료가 없어서 흡족하지 않은 부분이 있다. 매년 반복되는 동해안 지역의 산불과 캘리포니아, 호주의 산불은 개인의 부주의로 발생하기도 하지만 근원적인 이유는 지구 온난화다. 겨울 가뭄이 봄철 가뭄으로 이어지면서 건조해진 상태에서 조그만 불씨가 걷잡을 수 없이 번지는 산불이 된다. 엄청난 숲을 태워 생태계가 파괴되는 것은 물론 화재로 인한 이산화탄소 발생이 급증한다. 지구 온난화는 산불의 발생을 2배 이상으로 끌어올린다고 한다. 이 부분에서는 흡족한 그림책을 만날 수 없었다. 이 점 참고하길 바란다.

집중적으로 '생태 감수성 기르기' 주제로 공부하여 나갈 때 2021년 덕수초등학교 5학년 2반 친구들과 2022년 원효초등학교 3학년 3반 학생들의 도움을 많이 받았다. 5학년 때 수업 자료를 버리지 않고 보관하였다가 빌려준 세훈, 시현, 조안, 지후, 효

빈에게 감사함을 전한다. 또 서울시교육청에서 '생태 전환 교사 연수'를 끊임없이 진행해 주신 덕분에 많은 도움을 받았다. 이 또한 감사드린다.

사람을 설득하여 생각이 변하고 행동이 변하게 하는 일에는 마음을 울리는 스토리텔링이 있어야 하고, 객관적인 자료가 있어야 한다. 이 두 가지를 적절하게 제시하며 글을 써야 하는데, 뭔가 부족함을 느낀다면 그건 작가의 역량 부족이다. 보완하며 활용하길 부탁드린다.

생태 전환 교육은 불편하고 회피하고 싶은 분야이지만 시간이 별로 남지 않은 다급함이 있는 교육이다.

지구가 기후 위기에서 벗어나길 바라는 마음으로,

이태숙

차례

2장 지구의 주인들이 사라져요

3장 늦기 전에 우리가 나서야 해요

1장

우리가 살아가는 곳,
'지구'

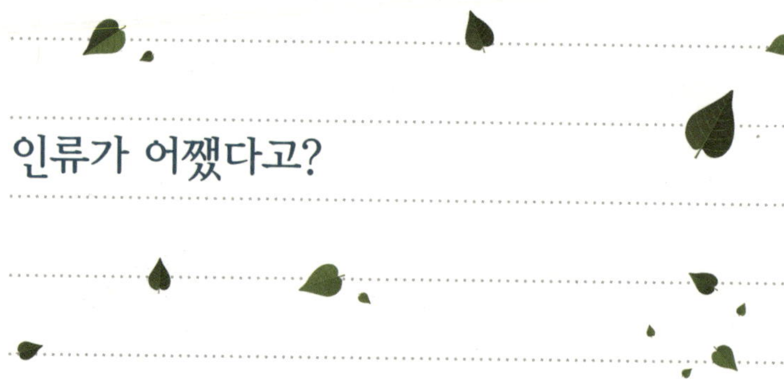

인류가 어쨌다고?

지구라는 행성에 인류는 언제 등장했는가?

지구의 역사는 45억 년으로 본다. 학자들은 빅뱅에서 대기가 생기고, 단세포 생명에서 수많은 생명체가 생겼다는 학설에 무게를 둔다. 인류의 출현은 200만 년 전으로 추정한다. 농사를 짓고 가축을 기른 신석기인 호모 사피엔스는 20만 년 전에 출현했다. 45억 년과 20만 년을 비교할 수 있을까?

빌 브라이슨은 『거의 모든 것의 역사』(이덕환 옮김, 까치, 2020)에서 재미있는 시간적 비유를 한다. 바로 '생명의 24시간'이다. 45억 년인 지구의 시간을 24시간으로 본다면 새벽 4시에 최초의 생명이 등장하고, 거의 저녁 8시 30분경에 불안정한 미생물이 등장하며, 9시 4분에 삼엽충이 등장하고 바다 식물이 출현한다. 20분 후 해파리와 원시 지의류가, 밤 10시 직전에는 육지에 식물이 출현하고 육상 동물이 등장하며, 10시 24분이면 원시 곤충이 등장하고 지구는 석탄기 숲으로 덮인다. 공룡은 11시 직전에 등장하여 45분 정도 활동하고, 인간은 자정을 1분 17초 남겨 둔 시각에 나타난다고 한다.

유구한 지구의 역사에서 생명의 탄생, 진화는 아주 느린 속도로 이루어졌으며 만물의 영장이라고 하는 인류의 역사는 그에 비해 아주 짧다는 것을 상징적으로 보여 준다. 그런데 과학자들은 현재의 지질학적 시대 구분으로 신생대의 '홀로세' 대신 '인류세'로 보자고 한다. 인류가 지구 환경에 큰 영향을 미친 시점부터 다른 지질 시대로 구분해야 한다는 주장이다. 인류세의 가장 큰 특징은 인간에 의한 지구 환경의 변화다. 생물 다양성과 기후 변화, 지형학, 층서학 등 다양한 분야에서 관련 연구가 진행되고 있는데, 가장 큰 문제는 인간의 활동으로 생물 다양성이 현저히 낮아지고 멸종이 가속화된다는 것이다. 기후 변화는 화석 연료 사용으로 인한 대기 오염이 문제고, 이산화탄소의 증가와 오존층의 파괴는 온실 효과로 기온 상승을 불러오고 있다. 지형학과 층서학은 지구 표면과 퇴적, 화석 기록을 연구하는데 인류세에는 콘크리트와 플라스틱 쓰레기가 특징일 것으로 본다. 가장 늦게 등장한 인류가 가장 짧은 시간에 지구를 황폐한 행성으로 만든 것이다. 어떻게 할 것인가? 이것이 우리가 마주한 지구 위기의 심각한 문제로, 우리가 풀어야 하는 숙제다.

『GREEN: 숲 이야기』 속 인간은?

기후 변화를 주제로 한 그림책을 선정할 때 어떤 순서로 할지 고민했다. 지구의 역사성을 보여 주는 책을 첫 책으로 하고 싶었다. 전작에서 천년을 사는 나무 '모아비'가 그 역할을 해 주었는데, 그런 책을 찾아보니 딱 들어맞는다고 할 수는 없으나 그래도 『GREEN: 숲 이야기』라면 아이들과 지구의 역사와 생명의 역사를 이야기할 수 있을 거라 여겼다.

표지는 제목처럼 'GREEN'에 가까운 색이 아니다. 검은빛과 청색빛이 도는 달밤의 숲이다. 작가는 왜 이렇게 표현했을까? '달밤의 숲'으로 고요, 어두움, 불투명, 긴장, 적막, 두려움 등 원시의 숲에서 살아가는 모든 생명의 불안정한 마음을 표현한 건 아닐까. 큰 판형의 책으로 시선을 가득 메우며 독자를 인간의 발자취가 없는 숲으로 이끈다.

포유류 영장목에 속하는 사람은 생명의 탄생 과정에 아주 뒤늦게 등장하는, 뇌가 발달한 동물이다. 이 책은 시간의 흐름에 따라 이야기하지 않았다. 작가는 숲과 인간을 분리하여 독립적으로 살던 가상의 공간을 만들었다. 생태계의 조화와 균형이 알맞게 유지되는 숲이 이야기의 배경이자, 우리가 유심히 봐야 할 대상이다. 또 고민하며 문제를 풀어야 할 대상이기도 하다.

엄마가 떠나고 아빠는 돈도, 직장도 없어 세 명의 자녀들을 데리고 북쪽 마을을 떠나 숲으로 살러 들어간다. 자녀 중 한 명

『GREEN: 숲 이야기』

스테판 키엘 글·그림, 이세진 옮김, 라임, 2021

모든 생명이 조화롭게 살던 숲에 인간이 들어온다. 정글과 같은 원시적 그림이 인상적인데 그 숲이 어떻게 변하는지 보여 주며, 이 땅의 주인은 누구인지 묻는다.

인 화자는 이 숲이 자신의 땅이 아니라 왕의 영지라고 한다. 그러면서 왕들이 땅의 주인인데 살러 들어온 자신들이 주인을 내쫓았다고 한다. 이는 자연을 인간이 소유할 수 없다는 관점이다. 주인공은 숲이 오히려 그들의 영토였고, 인간이 살도록 곁을 내준 것은 그들인데, 인간이 다 망쳐 놓았다고 한다.

한 발 들이는 일조차 쉽지 않았던 울창한 숲에서 인간이 느꼈을 감정은 무엇일까? 화자는 '아름다운 초록빛 세상'이라며 호기심 가득한 눈으로 바라본다. 살기 만만치 않은 곳이었지만 수백 종의 포유류와 조류가 있고, 온통 신기하기만 했다. 숲의 모든 생명은 그저 말없이 인간을 바라볼 뿐이었다. 단지 무시무시한 왕, 밤마다 큰 소리로 포효하는, 모든 동물이 그 소리에 놀라 도망치는 호랑이만 경계하면 된다. 이 숲은 바로 그 왕의 영지다.

그런데 북쪽 마을에 살던 사람이 자꾸 숲으로 들어와 집들이 늘어나고, 학교가 생기면서 예전의 초록 숲은 그들이 떠나온 북쪽 도시와 같아진다. 그러는 사이 수백 종의 포유류와 조류는 자취를 감춘다.

숲은 지구다. 조화와 균형을 유지하며 온갖 생명을 품었던 지구다. 뒤늦게 등장한 인간은 지구를 온통 뒤흔들어 놓았다. 인간만이 살아갈 터전이라며 숲의 주인을 다 내쫓았다. 책을 다 읽고 나니 가슴이 '쿵' 내려앉는다. 모닥불 주위에 둘러앉아 있는 내 모습이 보인다. 도망치는 동물들을 바라보며 웃고 있는 내 모습이 보인다. 밭을 일구고 작물을 재배하며 애벌레를 죽이려 농약을 살포하는 내가 보인다. 눈에 띄지 않게 한다고 비닐과 온갖 쓰레기를 땅에 묻는 내가 보인다.

작가는 자연은 절대 인간의 소유물이 아님을, 인간이 지배하고 함부로 할 무엇이 아님을 이야기한다. 그림은 의미심장하다. 황폐하게 변한 끝에 호랑이가 한 마리 있다. 다음 장을 넘기니 우거진 숲에서 호랑이 한 마리가 포효한다. 또 한 장 넘기니 집이 한 채 있고 호랑이 가족이 보인다. 마지막 장에 이르니 그 집 한 채도 사라지고 원시의 숲이 되었으며 호랑이는 어린 호랑이를 두 마리 거느리고 있다. 작가는 어떤 의미로 서사 없이 이 그림만 몇 바닥에 걸쳐 넣었을까? 과거로 시간을 되돌린 것일까?

지구에서 인간이 사라진 뒤의 모습을 그려 놓은 걸까? 그림책에는 정답이 없다. 독자가 읽어 내야 하고, 해석해야 한다.

모두가 공존하는 지구별이 가능할까?

생태계 복원은 가장 상위에 있는 포식자가 살아갈 수 있는 환경을 만들어 나가는 일이다. 그림책 속의 왕 호랑이가 야생에서 살아갈 수 있도록 하려면, 호랑이의 먹이가 되는 갖가지 동물이 많이 서식할 수 있는 환경이 되어야 한다. 또 그 동물이 살아가기 위해서는 그 동물의 먹이가 되는 각종 무엇인가가 풍성해야 한다. 결국, 생산자에서부터 고차 소비자까지 생태계가 다양성을 바탕으로 유지되어야 호랑이가 살아갈 수 있다. 인간이 유전자를 조작하여 호랑이 개체 수를 늘려 숲에 두는 것은 복원이 아니다.

초록 숲이었던 곳이 사람들의 공간으로 변하고, 자연을 이용할 줄만 아는 인간에게 삶의 터전을 빼앗긴 동물들과 식물들은 어떤 마음일까? 자연의 일부인 인간은 다른 자연의 생명체들에 공감해야 한다. 공감은 인간과 인간 사이에만 있는 것이 아니다.

같은 주제의 이야기로 아이들이 좋은 반응을 보여 준 책은 『나무늘보가 사는 숲에서』라는 팝업북이다. 팝업북은 내가 즐겨 찾는 책은 아니나, 아이들에게는 입체로 보는 판타지다. 특

『나무늘보가 사는 숲에서』

아누크 부아로베르, 루이 리고 글·그림, 이정주 옮김, 보림, 2014

팝업으로 제작된 그림책으로, 연결된 숲이 자꾸 줄어드는 모습을 직관적으로 보여 준다. 숲이 이렇게 줄어든다면 나무늘보는, 우리는 어떻게 될까?

히 이 책은 나무늘보를 찾는 게 과제인데, 인간이 사방에서 나무를 베어 내는데 나무늘보는 잠만 자고 있다는 서사를 보며 아이들은 안타까운 마음으로 나무늘보를 찾느라 눈이 빛난다.

이 책은 인간의 행동이 어떻게 변해야 하는지 한 발 더 나아간다. 자연과 인간이 공생하기 위해서는 인간이 바뀌어야 함을 이야기한다. 숲을 되돌려 놓아야 나무늘보도 인간도 살 수 있다고 이야기한다. 공생의 가치를 심어 줄 수 있도록 이 두 책을 엮어 인간이 자연에 가한 폭력과 인간이 자연과 공생하는 방법을 생각하면 좋겠다.

지구가 어떤 곳인지 묻고 책을 읽으며 어떤 마음이 들었는지 물었다. 아이들은 생각을 자유롭게 이야기했다.

"생명이 살아가는 아름다운 별인 지구가 그대로 있었으면 좋겠어요."

"전 『GREEN: 숲 이야기』에서 호랑이가 너무 불쌍했어요. 호랑이는 인간을 피해 어디로 갈까요?"

"다른 숲이 있어서 갈 수 있다면 다행이지만, 호랑이가 살 만한 숲이 남아 있을까?"

"그럼, 멸종되는 거잖아. 너무 불쌍해!"

마을이 커지면 숲이 줄어들고, 숲이 줄어들면 숲에 사는 동식물이 살아갈 수 없게 된다는 걸 아이들은 이해했다. 그럼, 숲 없이 사람들만 살아도 되지 않을까? 그렇지 않음을 아이들은 수업을 진행하며 깨닫게 될 것이다.

생태 감수성 기르기

생물 다양성을 귀하게 여기는 감수성, 일상의 행동에서 지구를 떠올릴 수 있도록 감수성을 기르는 교육을 '생태 감수성 교육'이라 생각한다. 무심결에 하는 행동과 습관을 돌아보고 삶의 태도를 바꿔 나가도록 생태 감수성 교육을 우리는 다급하게 실시해야 한다. 생각을 바꾸는 교육, 행동을 바꾸는 교육은 체험을 바탕으로 경험을 쌓을 때 효과적이다.

생태 감수성을 기르는 대표적인 우리 반 활동은 '식물 가꾸기'다. 대도시에 사는 아이들은 정원이나 화단을 가꿀 형편이 못 된다. 그렇지만 내 경험으로 보아 식물을 싫어하는 아이는 없었다. 새로 식물을 사서 안겨 주는 것이 아니라 계속 보아 온 식물을 삽목으로, 물꽂이로, 분갈이로 개체 수를 늘려 교실에서 가꾸다 집으로 보내 기르기를 이어 나가도록 했다. 이 활동을 1년 동안 몇 차례 진행하는데 반복하는 과정에서 식물의 끈질긴 생명력을 스스로 체험하고, 생명의 소중함을 마음에 새기는 것이 목적이다.

'장미허브'는 '허브'란 이름이 붙어 있는 다른 식물처럼 향기가 있다. 허브로 불리기는 하나 다육 식물에 가깝다. 다육 식물은 잎에 물을 저장하는 건식 식물을 말한다. 이 장미허브도 잎이 도톰하고, 흙 속에 물이 많으면 뿌리가 무른다. 로즈마리, 라벤더, 세이지 같은 실제 허브 식물은 실내에서 기르기 어렵지만 장미허브는 실내에서 아주 잘 자란다.

장미허브는 줄기를 잘라 심으면(삽목) 잘 자라는 식물이다. 학급 인원수대로 작은 화분을 준비하고 장미허브를 손가락 길이 정도로 잘라 30분쯤 공기 중에 놓아두었다가 화분에 흙을 채워 심으면 된다. 자른 줄기의 물기가 좀 마르면 흙에 적응하기 쉽다. 양지, 반양지의 창가에 놓고 기르는데 가지치기하여 외목대로 기를 수 있고, 자연스럽게 자라도록 놓아둬도 된다.

식물의 특징을 중심으로 이야기를 진행하고 나면 심는 과정을 거친다. 물 빠짐이 좋게 마사토를 조금 섞어서 사용하면 좋다. 교실에서는 흙을 퍼 올 곳이 없어 판매되는 거름흙을 사용했다. 화분의 구멍은 양파망 조각이나 거즈 조각을 이용하여 막아도 되는데, 아이들과 가꾸기를 할 때 자연적으로 하고 싶어 난석을 한 줌 넣은 뒤 흙을 3/4 정도 담고, 미리 잘라 놓은 장미허브를 화분 1개당 3~4개씩 심었다. 흙을 눌러 주고 물을 준다. 주변을 정리하고 화분을 책상에 올려놓고 필기도구를 꺼내 자신의 화분을 관찰한다. 키는 몇 cm인지, 잎은 몇 개인지, 잎은 어떤 모양인지, 너비는 몇 cm인지 살펴보고 그 생김을 관찰한다. 사랑은 관찰에서 나온다.

"모든 식물이 이렇게 잘린 줄기에서 뿌리가 나와요?"

"모두 다 그런지는 선생님도 몰라요. 하지만 어떤 종은 물에 꽂아 놓으면 뿌리가 나와 화분에 옮겨 심었을 때 잘 자라는 것도 있어요. 무엇보다 중요한 것은 식물을 포함한 모든 생물은 살고자 하는 본능이 있다는 것이지요. 오늘 심은 이 장미허브가 잘 자라도록, 살고자 하는 욕구를 마음껏 발산할 수 있도록 도울 수 있지요? 여러분의 손에 이 생명이 달려 있어요. 약속할 수 있나요?"

"네!"

아이들 대답이 그 어느 때보다 반갑게 들려왔다.

함께 읽어요

- 『나는 숲에서 살아요』(캐서린 실 글, 존 실 그림, 다섯수레, 2016)
- 『나무가 되자!』(마리아 잔페라리 글, 펠리치타 살라 그림, 책읽는곰, 2021)
- 『나무를 그리는 사람』(프레데릭 망소 글·그림, 씨드북, 2014)
- 『반쪽 섬』(이새미 글·그림, 소원나무, 2019)
- 『산이 화가 났어요』(첸요링 글·그림, 키즈엠, 2019)
- 『세상에 많고 많은 초록들』(로라 바카로 시거 글·그림, 다산기획, 2014)
- 『세상에서 가장 오래 된 나무 모아비』(미카엘 엘 파티 글·그림, 머스트비, 2018)
- 『숲』(마크 마틴 글·그림, 키즈엠, 2013)
- 『숲 숲 숲!』(샤를린 콜레트 글·그림, 창비, 2022)
- 『숲으로』(호시노 미치오 글·사진, 논장, 2018)
- 『숲의 시간』(윌리엄 스노우 글, 앨리스 멜빈 그림, 북극곰, 2022)
- 『아마존 열대 우림의 속삭임』(린 체리 글·그림, 보물창고, 2016)
- 『아마존 숲의 편지』(잉그리드 비스마이어 벨링하젠 글·그림, 걸음동무, 2020)
- 『이토록 경이로운 숲』(얀 파울 스퀴턴 글, 메디 오베렌도르프 그림, 원더박스, 2022)
- 『코끼리는 어디로 갔을까?』(바루 글·그림, 사파리, 2015)
- 『행복한 초록 섬』(한성민 글·그림, 파란자전거, 2017)
- 『형제의 숲』(유키코 노리다케 글·그림, 봄볕, 2022)

지구가 더워지고 있어요

지구 온난화는 무엇일까?

2021년 12월 31일에 발생한 미국 콜로라도의 산불은 우리에게 시사하는 바가 크다. 봄철 비가 많이 내려 풀이 우거졌다가 여름철부터 가뭄이 이어져 바짝 건조된 상태에서 산불이 발생했다. 몇 초 만에 축구장 크기의 면적이 불타는 빠른 속도(시속 160~170km)로 산불이 퍼졌다. 산불이 난 다음 날 폭설이 내려 진화되었지만, 이재민이 3만 5,000명 발생했고 그 피해액은 우리 돈으로 약 6,000억 원에 이른다고 한다. 이 산불의 원인은 무엇일까? 학자들은 '기후 변화' 때문이라고 한다.

'기후'는 단기간에 나타나는 기온, 강수량, 바람, 습도 등의 기상 요소 변화를 장기간에 걸쳐 모아 놓은 것으로, 오랜 기간의 평균적인 날씨를 말한다. '기후 변화'는 이 평균적인 날씨의 범위를 벗어난 것으로, 비가 내릴 시기에 가뭄이 든다거나, 기온이 평균보다 오르거나 낮아지는 등 예상치 못한 기후로 변하는 것을 말한다. 기후 변화가 불러오는 현상은 '한파', '폭염', '폭우', '폭설'이고 이 일들은 인간 생활에 엄청난 영향을 미친다. 기후 변화는 왜 일어나는가? 그 원인은 우리가 이구동성으로 말할 수 있다. 바로 '지구 온난화'다.

'지구 온난화'는 지구 표면의 평균 기온이 상승하는 현상이다. 지구 표면 기온은 그동안 오르내리며 적절히 유지되다가 최근 100년간 가파르게 상승하고 있다. 인간의 활동으로 온실가스가 배출되는 양이 증가했기 때문이다. 산업이 발달함에 따라 석유와 석탄 같은 화석 연료를 더 많이 사용하고, 경작지를 넓히기 위해 숲을 파괴하면서 온실 효과가 점차 커지고 있다. 온실 효과를 일으키는 온실가스는 이산화탄소, 메탄, 수증기, 프레온 가스, 이산화질소 등이다. 이산화탄소가 무서운 것은 분해 속도가 느려 축적되기 때문이다. 이산화탄소가 분해되는 시간은 보통 100년에서 200년 이상 걸린다고 한다. 메탄은 온실 효과가 이산화탄소보다 훨씬 강력하지만 10~13년이 지나면 분해된다. 어떤 기체를 경계해야 하는지는 자명하다.

지구 온난화의 영향은 여러 방면으로 나타나는데 저위도보다는 고위도 지역에서 빠르게 진행되고 있다. 극지방과 알프스, 히말라야 산악 지대의 빙하가 빠르게 녹아내리고 있으며, 이는 고스란히 해수면 상승으로 이어지고 있다. 지구 온난화는 지역마다 예상치 못한 기상 이변을 일으킬 것이라고 기상학자들은 경고한다. 한쪽에서는 폭우가 쏟아지고 다른 한쪽에서는 가뭄이 지속되어 사막화가 진행된다. 대기 불안으로 태풍의 빈도는 늘어날 것이며 그 위력은 더욱 강력해질 것이라고 한다.

지구 온난화로 빙하가 무서운 속도로 녹아내리자 동토가 드러났고 그 얼음의 땅(영구 동토층)이 녹고 있다. 동토층은 너무 추워서 유기물이 썩지 않은 상태로 켜켜이 묻힌 지형이다. 이곳은 탄소 저장고 역할을 하는데, 기온이 올라가며 그런 유기물이 녹고 썩어 메탄이 터져 나와 싱크홀이 생긴다. 그 지역에 사는 사람들은 집 주변에 자꾸 물웅덩이가 생기고, 집이 기울어져 언제 무너질지 모르는 불안 속에서 지내고 있다. 2021년 여름, 시베리아의 산불은 우리를 걱정스럽게 했다. 시베리아라고 하면 원래 추운 지방인데 여름에 45도까지 오르는 폭염으로 한 달간 산불이 이어지기도 했다. 또한 영구 동토층이 녹아내리는 현상은 얼어 있던 바이러스가 깨어난다는 의미다. 이미 한타 바이러스 탄저균이 발생했으며 어떤 바이러스가 다시 덮칠지는 아무도 모른다.

이탄은 완전히 탄화할 정도로 오래되지 않은 석탄의 일종으로, 석탄이 만들어지는 첫 번째 단계의 물질이다. 이탄이 쌓여서 만들어진 습지를 '이탄 습지'라고 하는데 영구 동토층처럼 시대적 퇴적물인 죽은 식물이 미생물에 분해되지 않은 상태, 즉 탄소 저장고라 자연사 연구에 중요한 자료가 된다. 이 이탄 습지가 지구 온난화의 영향을 받아 온도가 높아지고, 물이 줄어들어 나무가 자라게 되면 층층이 쌓인 유기물이 썩기 시작해, 동토층에서와 마찬가지로 메탄을 발생시킨다. 그래서 각국은 이탄 습지를 보호하기 위해 주변에 나무가 자라지 못하도록 벤다. 우리나라에도 1,700m 오대산 고지에서 이탄 습지가 발견되어 보호하고 있다.

지구 온난화 문제를 해결하기 위한 국제 협의는 만만치 않다. 자국의 산업 발전과 아주 밀접하기 때문이다. '경제 성장'이라는 목표에는 화석 연료 사용이 전제되고, 이는 이산화탄소 배출과 직결된다. 1997년 12월 일본 교토에서 개최된 유엔기후변화협약 제3차 당사국 총회에서 채택된 교토 의정서는 이런 이유로 선진국들이 비준하지 않거나 탈퇴하는 일이 발생해 2005년에 이르러서야 발효되었다. 주요 협의 내용은 '온실가스 감축'이었으며, 그 시한은 2020년이었다. 2015년에 채택된 파리 협약은 2020년 이후의 목표를 정하기 위한 기후 협약이다. 참가국 전원 만장일치로 기온 상승 폭을 2도에 못 미치는 1.5도로 정했다. 목표에서 1도는 이미 도달했다고 한다.

이제 '탄소 중립'은 전 세계인의 과제가 되었다. '탄소 중립'이란 인간 생활로 발생한 이산화탄소를 숲에서 흡수하도록 하여 자연 증가를 '0' 수준이 되게 하는 것이다. 어떻게? 이것이 바로 우리 아이들에게 교육하여야 하는 핵심이다.

우리의 실천이 북극곰을 살리고, 우리도 살려요

지구 온난화와 관련된 그림책은 북극곰 이야기가 많다. 북극곰은 멸종 위기 위급 종은 아니지만, 북극의 빙하가 녹아내리는 현실에 삶의 터전이 직접적으로 영향을 받다 보니 주인공이 되었다. 『북극곰 윈스턴, 지구온난화에 맞서다!』도 그런 책이다.

얼음이 녹고 있어 먹이를 구하기 어려워진 문제를 해결하기 위해 북극곰 윈스턴이 나섰다. 얼음이 녹는 것은 지구 온난화가 가져온 현상이며 이를 그대로 두면 살아갈 수 없다는 것이다. 지구 온난화는 인간들의 편리한 생활 때문에 생긴 것이니 인간

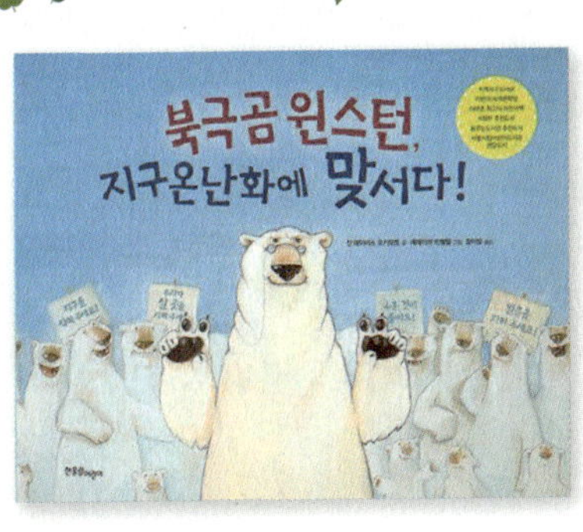

『북극곰 윈스턴, 지구온난화에 맞서다!』

진 데이비스 오키모토 글, 예레미야 트램멜 그림, 장미정 옮김, 한울림어린이, 2012

너무 더워지는 날씨 때문에 살아가기 힘들어진 북극곰이 관광객을 향해 행동할 것을 촉구하는 이야기다.

들에게 지구를 살리는 행동을 해야 한다고 시위를 통하여 촉구하는 내용이다.

앞뒤의 면지는 같은 그림으로, 피켓을 들고 시위하는 곰들의 모습이다. 피켓에는 북극곰들이 지구 온난화를 늦추기 위해 인간(우리)들에게 요구하는 행동이 쓰여 있다. 피켓 하나하나를 읽어 보고 그 행동이 어떻게 지구 온난화와 연결되는지 이야기하는 시간을 마련해도 좋다.

주인공 북극곰 윈스턴은 '윈스턴 처칠'을 모델로 했다. 처칠은 제2차 세계 대전 당시에 영국을 대표하는 수상이었으며 정치가, 연설가, 저술가로 활동했다. 책 속 북극곰 윈스턴도 연설을 잘하고 곰들을 지휘하는 저술가로 활동하고 있다.

1940년 독일 군대가 서유럽을 함락하고 프랑스를 휩쓴 뒤 영국 해협을 넘자 처칠이 국회에서 한 연설이 유명하다. 어떤 일이 있어도 영국과 대영 제국의 결의는 달라지지 않으며, "필요하다면 몇 년씩, 필요하다면 홀로라도" 맞서 싸울 것을 분명히 말했다. 작가는 이 부분을 인용한 것처럼 보이며, 북극곰 윈스턴은 지구 온난화를 멈춰 달라고 강력하게 촉구한다.

나에게 의미 깊게 다가온 부분은 윈스턴 아내의 행동이었다. 아내는 윈스턴이 금연하지 않으면 동참하지 않겠다고 선언한다. 지구 온난화로 지구는 더욱 뜨거워지는데 계속 담배를 피우겠느냐는 것이다. 결국, 윈스턴은 담배를 끊고 나뭇가지를 입에

문 채 연설한다.

사소한 습관이나 행동도 바로잡지 못하면서 대의를 말할 수 있겠느냐는 의미도 되겠지만, 사소한 행동이라도 바꾸려는 노력이 기후 변화에 도움이 되지 않겠는가 생각하게 된다. 기후 변화는 심각한 수준으로 일어나고 있다. 세계 곳곳에서 서로 다른 양상으로 나타나지만, 종합해 보면 위기임을 알 수 있다. 이런 상황에 아무 일도 하지 않은 채 손을 놓고 있다면 우리는 얼마나 어리석은가.

지구 온난화에 손 놓고 있으면 어떻게 되는지 미래를 보여주는 책을 한 권 더 소개하려 한다. 바로 『09:47』이다. 지구 종말의 시간을 12시 정각이라고 한다면 현재 지구의 시계는 9시 47분이라고 한다. 남은 시간이 없는데 어떻게 할 거냐고 묻는

『09:47』

이기훈 그림, 글로연, 2021

글 없는 묵직한 그림책으로, 줌 아웃을 다채롭게 활용하여 무성 영화 한 편을 보여 준다. 위기를 코앞에 둔 인류에게 어떻게 하라는 말 한마디 없으나 읽고 나면 무거운 침묵이 흐른다.

작품이다. 글 없는 그림책이지만 그림이 엄청난 이야기를 품고 있다.

한 가족이 8시 50분에 항구에 도착하여 9시에 배를 타고 아름다운 섬으로 여행을 떠난다. 배를 타고 가던 도중 갈매기에게 과자를 주다 아래를 바라보니 토끼가 헤엄치고 있다. 그때부터 막내는 토끼 인형을 껴안고 왠지 모를 불안에 휩싸인다. 섬에 도착하기 직전, 갈매기는 막내의 빨간 토끼 인형을 낚아채 간다. 다른 가족들이 텐트 근처에서 재미있는 시간을 보내고 있을 때 토끼 인형은 다시 막내에게 다가온다. 막내는 토끼 인형과 함께 지구 멸망 12시를 체험한다. 놀라우면서도 끔찍한 판타지 그림책이다.

전체적으로 만화 구성으로 이루어져 있는데 화면의 크기가 다양하고 변화무쌍하여 영화를 보는 느낌이 든다. 그것도 변화 속도가 매우 빠르게 진행되는 화면이라 집중하지 않을 수 없다. 지구 멸망 12시는 어떤 모습일까? 화면은 쓰나미가 들이친 해수면이 급상승한, 모든 인간이 사용했던 쓰레기가 괴물처럼 변하여 바다를 휘젓고 다니는 그야말로 '지옥도'의 모습을 보여 준다. 판타지의 시작과 끝은 배의 화장실에서다.

정말 저 그림에서 묘사된 모습이 우리의 미래일까? 저 어린 꼬마가 목격한 일을 어떻게 어른들에게 설명하여 재앙에 대비하도록 요구한단 말인가? 결국, 작가는 주인공 꼬마의 역할을 독자에게 부여했다. 이제 지구 위기를 극복하고 지구를 살리는 일은 막내의 일이 아니라 12시의 상태를 본 독자의 일이 되었다. 아이들은 다 본 뒤에도 조용하다.

그림책을 본 감상을 물으니 무섭고 섬뜩하다는 반응이 많이 나온다. 이야기는 『북극곰 윈스턴, 지구온난화에 맞서다!』의 면지로 이어졌다. 아주 많은 피켓 내용 중에 당장 내가 실천해야 할 것을 골라 오늘부터 실천하면 어떨까?

"쓰레기 분리배출을 이제 저도 도와야겠어요."

"일회용품 사용을 줄이고 물을 보온병에 담아 다닐래요."

"무서우면 전등을 다 켜 놓는 습관이 있는데 그러지 말아야겠어요."

아이들의 발표를 들으며 이 마음이 그대로 실천으로 이어진다면 지구 종말의 시간은 좀 천천히 오지 않을까 생각했다.

생태 감수성 기르기

이산화탄소 배출을 감소시키는 방법으로 가장 효과적인 해결책은 화석 연료를 사용하지 않는 것이다. 화석 연료 사용을 줄이는 가장 좋은 방법은 전기 사용을 멈추는 것이다. 자동차를 멈추는 것이다. 가능한 일인가? 시급한 문제의 해결 방법을 알면서도 현 생활 습관을 버리지 못해 엉거주춤 시간을 보내고 있는 게 현재 우리의 모습이다. 그래서 생태 감수성 기르기 수업은 관점을 조금 바꿨다.

2022년 1월 1일부터 우리 집에서 배출하는 쓰레기를 기록하기 시작했는데 그 양이 엄청났다. 난 쓰레기를 별로 배출하지 않는다고 생각했는데 착각도 그런 착각이 없었다. 생각하지도 못했던 것은 비닐이었다. 비닐을 하루에도 몇 차례씩 수거함에 버리고 있었다. 무엇인가를 사 오면 필수적으로 비닐 포장이 있고, 배달되어 오는 상품은 '뽁뽁이' 비닐에 둘러싸여 있었다. 커다란 봉지에 모아도 그 봉지가 채워지는 것은 순간이었다. 비닐을 플라스틱으로 부르며 딱딱한 플라스틱과 동일시하는 나라도 있다는데, 우리는 비닐 사용을 너무나 당연하게 생각한다. 비닐을 수거함에 넣을 때마다 불편했다.

공부한 것을 눈으로 확인하는 과정을 우리 아이들도 경험해야 한다. '까짓거, 빨대 하나!'가 아니다. 이번 활동은 가정에서 '쓰레기 배출표'를 작성하는 거다. 서식은 간단하다. 왼쪽은 항목으로 '쓰레기 종량제 봉투', '비닐', '플라스틱', '병', '캔', '음식물 쓰레기', '종이와 박스', '스티로폼' 등으로 하고 오른쪽은 배출하는 날짜를 기록하면 된다. 양까지 기록하면 좋겠으나 우선 얼마나 자주 우리 집에서 쓰레기를 배출하는지 기록해 보고 확인하는 활동이다. 부모님의 도움을 받아야 하고 학생 스스로 '분리배출'이란 집안일을 담당해야 한다. 몸으로 한 체험적인 공부가 의식을 변화시켜 행동을 바꾸고 생활을 바꾸도록 할 것이다. 다음은 중간 섬섬으로 된 수업이다.

"우리가 분리배출해 버리는 것이 다 활용될까요? 여러 번 사용하는 것을 재사용이라고 하고, 상태를 바꿔 활용하는 것은 재활용이라고 하지요. 사실 분리수거함에 들어간 플라스틱은 30% 정도 재활용되고 나머지는 폐기된다고 해요. 태우거나 땅에 묻는 방법으로요. 태우면 환경 유해 물질이 나와 공기가 오염되고, 땅에 묻으면 썩지 않아 땅이 오염되니 효과적인 처리라고 볼 수 없지요."

"분리수거를 했는데 왜 30%만 재활용되나요?"

"플라스틱은 어떤 물질을 섞어 만드느냐에 따라 종류가 달라져요. 유리처럼 생긴 플라스틱, 비닐처럼 얇은 플라스틱, 불투명한 플라스틱, 색이 들어간 플라스틱 등. 같은 물질이어야 함께 녹이는데 서로 다르니 녹는 점이 달라 재활용이 어렵다고 해요."

"그럼 플라스틱을 똑같은 물질로 만들면 재활용이 많아지겠네요."

"그렇지요. 음료수 용기는 한 가지 재질을 사용한 플라스틱이라 사용 후 수출까지 해요. 우리나라에서 한 가지 재질의 플라스틱이라고 수출했는데 풀어 보니 다양한 종류의 플라스틱이 섞여 있어 되가져온 일도 있어요. 이 일로 국제적인 망신을 당하기도 했지요."

"어떻게 하면 플라스틱 음료수 병을 한 가지 재질로 만들 수 있나요?"

"그건 그렇게 해야만 한다고 정부가 법으로 규제하는 거예요. 그럼 기업이 이를 따르는 것이지요. 새로운 플라스틱 용기의 제품을 사려는 사람이 많으면 기업은 자꾸 새로운 플라스틱을 만들어 낼 거예요."

우리가 분리수거함에 어떤 것을 배출할 때는 '쓰레기를 버린다.'는 마음으로 내놓지 않는다. 우리는 흔히 종량제 봉투에 담은 것만 쓰레기라고 생각한다. 하지만 분리수거함에 열심히 분리배출해도 재사용되거나 재활용되는 것은 그리 많지 않다. 종류별로 분리하고 깨끗하게 씻어서 내놓는 등 책임감 있는 시민으로 분리수거에 동참해야 한다. 이는 집에서뿐만 아니라 학교에서도 적극적으로 실천해야 한다.

함께 읽어요

- 『기후 위기, 지구가 아파요!』(데이비드 웨스트, 올리버 웨스트 글·그림, 지구별어린이, 2021)
- 『눈보라』(강경수 글·그림, 창비, 2021)
- 『달 샤베트』(백희나 글·그림, 책읽는곰, 2016)
- 『뭐야, 지구가 떠났다고?』(카타리나 소브랄 글·그림, 베틀북, 2019)

- 『북극곰』(제니 데스몬드 글·그림, 고래뱃속, 2018)
- 『북극곰에게 냉장고를 보내야겠어』(김현태 글, 이범 그림, 휴먼어린이, 2011)
- 『북극곰 엉덩이가 뜨거워!』(소중애 글·그림, 함께자람, 2019)
- 『북극곰이 녹아요』(박종진 글, 이주미 그림, 키즈엠, 2017)
- 『북극곰이 사라진다면』(릴리 윌리엄스 글·그림, 나무야, 2018)
- 『소고기를 덜 먹으면 북극곰을 구할 수 있다고?』(케이티 데이니스 글, 로이진 해히시 그림, 어스본코리아, 2022)
- 『아름다운 우리 지구』(토네 사토에 글·그림, 봄봄출판사, 2016)
- 『안녕, 폴』(센우 글·그림, 비룡소, 2014)
- 『양철곰』(이기훈 글·그림, 리잼, 2019)
- 『엄마!』(앙드레 다앙 글·그림, 책읽는곰, 2010)
- 『페페는 너무 더워』(뱅상 고댕 글, 바루 그림, 키즈엠, 2012)

바다는 괜찮을까?

빙하가 녹으면 그 물은 어디로 갈까?

지구 온난화는 제일 먼저 빙하를 녹이고 있다. 남극과 북극의 빙하는 물론, 알프스와 히말라야 등의 높은 산에 있던 만년설(내륙 빙하)을 녹이고 있다. 2021년 2월 히말라야산맥의 빙하가 호수로 떨어지면서 물이 넘쳐 홍수가 발생했다. 이 일로 인도 북부 우타라칸드주 티몰리 지역의 댐 두 곳 중 한 곳은 완전히 붕괴되고 다른 한 곳은 부분 손상을 입었으며, 홍수로 200여 명의 인명 피해가 발생했다.

빙하가 녹는 속도는 해마다 빨라지고 있으며 이는 곧바로 해수면 상승이라는 현상으로 이어진다. 우리는 해수면 상승이 피부로 와닿지 않는데, 모든 나라의 사정이 같은 것은 아니다. 방글라데시는 해안 지역이 이미 많이 침수되었다. 인도네시아는 자카르타에 인구가 집중되고 지반 침하로 물이 넘치는 일이 많아지자 수도를 옮기는 프로젝트를 진행하고 있다. 그 어느 곳보다 심각한 지역은 남태평양의 섬나라들이다. 투발루, 몰디브, 키리바시, 나우루 등의 나라는 바닷물의 범람으로 물 부족이 심각하다. 이 섬나라들은 해발 고도가 매우 낮은 지역으로, 해수면 상승은 곧바로 국가 존망을 위협하는 상황으로 이어진다.

남태평양의 섬나라들은 지구 온난화를 늦추도록 세계 시민에게 호소한다. 국가와 국민의 생존이 여기에 달려 있기 때문이다. 투발루는 이 상태로 이어진다면 '국토 포기 선언'을 해야 할 상황이라고 하고, 몰디브는 바닷속에서 책상을 놓고 각료 회의하는 장면을 내보내며 지구 온난화를 늦추기 위해 노력해 달라고 각국의 정상들과 세계 시민을 향해 호소한다.

지구 온난화는 이 나라들 때문에 발생한 것이 아니다. 최근 100년간 화석 연료를 많이 사용하여 편리한 기계 문명을 이룬 선진국이 원인 제공자이다. 선진국은 화석 연료의 사용으로 엄청나게 발전했고, 그만큼 경제 대국이 되었으며, 국제적 힘을 발휘하는 국가가 되었다. 그러나 그런 기술 문명의 혜택을 별로 누리지 못하고, 이산화탄소를 많이 발생시키지도 않은 남태평양의 섬나라들이 지구 온난화의 피해를 고스란히 입고 있다. 기후 부정의 현상이다. 원인 제공자와 피해자가 다른 모습인데, 원인 제공자인 국가들은 모르는 척한다.

우리나라는 어떤가? 지하자원이 별로 없는 나라가 세계 10위 안에 드는 경제 대국이 되었다. 경제 성장을 이루기 위해서 얼마나 많은 화석 연료를 사용하고 이산화탄소를 배출하여 지구 온난화에 일조했겠는가. 과연 우리나라는 지구 온난화를 늦추기 위해 얼마나 노력하고 있을까? '탄소 중립 선언'을 발표한 시기가 2020년이다. 언제 '탄소 0'의 상태가 될지는 모르겠다. 정부와 기업, 국민이 적극적으로 협력해야 가능하다. 하루빨리 '환경 깡패'라는 국제 사회의 비난에서 벗어나는 '대한민국'이 되길 바란다.

손을 놓고 있어도 되나요?

이 주제와 관련해서 함께 읽고 싶었던 그림책이 『사라지는 섬 투발루』다. 투발루는 남태평양에 위치해 있는 나라이며 9개의 큰 섬과 그에 딸린 수십 개의 작은 섬으로 이뤄져 있다. 아름다운 풍경이 펼쳐지는 곳이지만 해수면이 상승하면서 바닷물이 집까지 들어와 주민들은 일상의 삶을 위협받고 있다. 투발루는 가장 높은 지역이 해발 5m로, 제일 높은 곳에 비행장이 있는데 이제는 비행장에도 자주 물웅덩이가 생긴다고 한다. 특히 바닷물의 범람으로 식수를 구하지 못해 식수 부족 문제가 심각하다.

화자는 조상 대대로 투발루에서 살아온 아이이다. 아이는 조곤조곤 투발루를 소개한다. 투발루는 태평양 한가운데에 있는

『사라지는 섬 투발루』

바루 글·그림, 이주희 옮김, 북스토리아이, 2012

지구 온난화는 빙하를 녹이고, 바다의 물을 증가시켜 해수면 상승을 유발하고 있다. 이 그림책은 남태평양에 있는 섬나라인 투발루가 바닷물 유입으로 사라지는 섬이 되는 이야기다.

섬나라로 일 년 내내 여름이고, 그림엽서같이 아름다운 곳이라고. 그런데 자고 일어나니 물이 발목까지 차올라 요리책이 다 젖고, 장난감 자동차가 녹슬고 마른 옷이 없단다. 바닷물이 물러가자 채소밭은 소금기로 쑥대밭이 되고, 먹을 것이 하나도 남지 않았다. 홍수가 난 것도 아닌데, 날마다 조금씩 바닷물이 차오른다. 바닷물이 높아졌다 낮아지는 일이 반복되더니, 어느 순간부터 내려가지 않는다. 북극에 전화하니 북극에서는 빙산이 무섭게 줄어든다고 한다. 높게 탑을 쌓아 버티던 투발루는 끝내 사라진다.

작가는 투발루를 '사라진 섬'으로, 바닷물이 삼켜 버린 섬으로 본다. 미래의 모습이다. 언제라고 단정할 수 없는 미래, 가까울 수도 있고 멀 수도 있는 미래의 모습을 보여 주면서 살 수 없어 떠나야 하는 '기후 난민'의 이야기로 마무리한다. 기후 난민은 '생태학적 난민'이라고 하는데 홍수, 가뭄, 사막화, 산림 파괴, 해수면 상승 등 기후 변화로 삶의 터전을 잃은 사람들을 말한다. 1990년대 이후 세계 곳곳에서 일어난 기상 이변으로 수많은 생태학적 난민이 생기고 있다.

책에서는 이웃 나라에서 먼저 편지를 보내 당신들의 자리가 있으니 오라고 하지만 실제 지구촌에서는 이런 현상을 찾아 보기 어렵다. 그 어느 나라도 난민을 우호적으로 대하지 않으며, 될 수 있으면 외면하려 한다. 하지만 기후 변화는 어려움을 겪고 있는 나라의 책임이 아니다. 지구 온난화로 인한 기후 위기이기 때문에 지구촌 전체의 문제이고, 산업이 발달한 나라일수록 그 책임감의 무게가 무거워진다. 하지만 많은 선진국은 기후 위기를 극복하려는 방안을 내놓는 일이나 난민을 둘러싼 대처에는 미온적이다.

글 없는 그림책으로 상상의 세계를 펼치는 이지현 작가의 그림책 『마지막 섬』을 소개하고자 한다. 앞서 이야기한 『사라지는 섬 투발루』와 같은 주제를 그리고 있으나 읽고 나면 마음이 복잡해진다. 서사 없이 이야기를 전개 시키는 방법으로 긴장감을 유지하기도 하고, 무엇보다 '너도 책임져야 한다.'라는 메시지를 품고 있어 마지막 순간이 되면 찌르르 통증을 유발한다.

이야기에는 마지막 섬에서 혼자 유유자적 사는 주인공이 등

『마지막 섬』

이지현 그림, 창비, 2021

'연기'로 대변하는 산업 발달이
누군가에게는 삶의 터전을 잃게 한다.
생태학적 난민을 우리는 어떻게 대할지
스스로 묻게 된다.

장한다. 주인공은 섬에 사는 온갖 동물들과 동등한 생활을 한다. 함께 춤을 추며 여유로운 시간을 보내기도 하고 과일을 나눠 먹기도 하며 행복하게 지낸다. 바다에서는 통발로 딱 먹을 만큼만 채취한다. 낙원과 같은 생활을 하는 와중에 멀리 바다 건너에서 보이는 회색 연기가 자꾸 신경 쓰인다. 어찌 된 일인지 회색 연기는 날이 갈수록 많아진다. 그와 동시에 마지막 섬에서는 자꾸 물이 넘친다. 기둥을 세워 물 위에 집을 만들어도 소용없다.

문명의 혜택을 누리지 않고 자연을 훼손하지 않으며 살던 사람의 터전을 누가 망쳐 놓았는가? 작가는 바다 건너 굴뚝의 연기를 보여 주며 독자에게 말을 건다. 우리가 누리는 편리함과 문명의 이기는 바로 지구 온난화의 산물이라고, 공장의 굴뚝을 자꾸 늘리면서 작가는 이야기한다. 작가가 만든 반전은 주인공과 도시 사람의 마주침이다. 주인공이 처한 환경은 바로 도시인에게 책임이 있다는, 가해자와 피해자로 연결되어 있음을 보여준다.

도시 사람은 자기 앞에 나타난 기후 난민을 어떻게 할 것인가? 말씨도 다르고, 피부색도 다르고, 문화도 다른 이들은 모르는 척 고개를 돌리는 것이 맞을까? 작가는 결론을 내리지 않았다. 마주한 장면에서 그림책은 끝난다. 판단은 독자의 몫이다. 현재 우리의 삶은 아파트에서 온갖 가전제품을 사용하며 편리함과 안락함을 누리는 모습이다.

우리 반 아이들과 책을 읽고 난 다음 대화를 나눴다. 너무 먼 곳의 이야기라 실감하지 못할까 봐 일상 이야기로 시작했다. 고학년 아이들과 이야기를 나눌 때는 지구 온난화를 주제로 아이들이 스스로 이야기를 이끌었으나, 저학년 아이들은 무리였다. 일상적인 이야기를 나누며 문제로 접근해 들어갔다.

"엄마가 아끼는 컵을 내가 깼고, 그 유리 파편에 동생이 다쳐 피가 난다면 어떻겠니?"

"너무 미안할 것 같아요. 컵을 깬 내가 원망스러울 것 같아요."

"겁이 나서 동생과 함께 울어 버릴 것 같아요."

"주의하지 않은 동생의 잘못이라며 화를 내는 사람은 없을

끼?”

“내가 깨지 않았다면 동생도 다치지 않았을 텐데 동생 잘못이 아니잖아요.”

“지금 우리가 읽은 책에서는 그래요. 지구를 힘들게 한 사람들은 어려움을 겪고 있는 사람을 모르는 척하잖아요. 컵을 깨 놓고 다친 동생에게 화내는 사람처럼.”

조용히 고개를 끄덕이는 아이들을 향해 난 다음 질문을 이어갔다.

“두 책에서 인물들은 모두 살던 곳을 떠나게 되는데 그런 상황이 닥치면 어떤 마음이 들까요?”

“무서울 것 같아요. 말도 알아듣지 못하고 차별도 받을 것 같아요.”

“살려면 떠나야 하는데 주변 나라들은 자기 나라에 오지 말라고 해요.”

책 속의 이야기가 아이들 앞으로 튀어나온 것 같다. 심각해진 아이들에게 ‘다큐S프라임’의 <바다 밑으로 가라앉는 도시들>을 보여 줬다. 그림책에서 이야기하는 것보다 직설적으로 보이는 장면에 아이들은 놀랐다. 지구 온난화와 직결된 해수면 상승은 가까운 미래의 우리 문제였다. 결코, 고개 돌려 외면할 수 없는 우리의 문제였다.

생태 감수성 기르기

'환경 보호'를 두고 자유롭게 이야기하라고 하면 아이들은 꽃과 나무를 가꾸거나, 거리에 휴지를 버리지 않거나, 플라스틱 사용을 줄이는 정도로 생각한다. '전기 절약'은 '전등 끄기'를 실천하여 전기료를 조금 내는 경제적 이익으로 생각한다. 하지만 전기 절약은 더 큰 의미가 있다. 우리나라 전기 생산 비율은 2020년 기준으로 석탄 약 36%, 원자력 29%, 가스 약 26%, 신재생 에너지 6.9%라고 한다. 우리가 사용하는 전기 대부분이 화석 연료와 핵분열로 생산되고 있다. 편리함을 추구하며 전기를 무분별하게 사용하면 나 스스로 지구 온난화를 심화시키는 셈이다.

아이들이 전기를 절약하는 방법으로 '전등 끄기'를 말하고 나면 발표가 뜸해진다. 전기 제품의 특징을 잘 모르기 때문이다. 하지만 가정마다 전기 제품은 날이 갈수록 많아지고 있으며 편리함을 추구하는 현대인은 어떻게든 편리한 물건을 찾으려고 한다. 실생활에서 전기를 절약하는 방법은, 그 내용을 교실 수업에서 끝내지 않고 가정통신문으로 보내 각자 집에서도 실천하도록 유도하는 것이다.

에너지 절약의 몇 가지 방법을 알아보고자 한다. 첫 번째로 대기 전력의 소모를 줄이는 것이다. 대기 전력은 전원을 끈 상태로 소모되는 전기인데 이 대기 전력으로 소모되는 양이 약 11%에 이른다고 한다. 자주 사용하는 전기 제품의 플러그를 일일이 빼놓기 어렵다면 멀티탭을 이용하여 차단 스위치를 활용하는 습관을 기르는 것이 좋다. 열을 내는 전자 제품(드라이기, 전자레인지, 전기 오븐, 난방기, 에어컨 등)은 대기 전력 소모가 크다.

두 번째는 여름과 겨울 같은 전력 소비가 많은 계절에 전기 소비가 큰 제품의 사용 시간을 줄이는 것이다. 난방기와 에어컨 사용 시간을 줄이고 대체품을 이용해야 한다. 선풍기, 부채를 이용해 더위를 식히고, 내복을 입어 몸을 따뜻하게 하는 것이 좋다. 이런 전기 제품을 사용할 때는 적정 온도를 유지하도록 해야 한다.

세 번째로 에너지 등급이 높은 가전제품을 사용하는 것이다. 높은 에너지 등급의 제품이라도 어떻게 사용하느냐에 따라 전기 에너지의 소비를 줄일 수 있다. 텔레비전은 볼륨을 낮추는 것만으로도 많은 전기를 절약할 수 있다. 냉장고는 냉장실은 30% 정도 비우는 것이, 냉동고는 꽉 채우는 것이 에너지를 효율적으로 활용하는 방법이다. 전기밥솥은 보온을 위해 많이 사용하는 제품이지만 보온 기능에 에너지 소모가 크다. 남은 밥은 냉동고에 보관하였다 데워 먹는 것이 좋다. 세탁은 물 온도를 높게 하지 않는 것이 중요하다. 물의 온도를 높이는 데 많은 에너지가 소모되기 때문이다. 무엇보다 빨래를 모았다 하는 것이 물 절약, 전기 절약에 효율적이다. 기타 드라이어, 정수기, 전자

레인지, 전기 오븐 등은 사용 중이 아닌 경우 대기 전력이 흐르지 않도록 멀티탭을 사용하는 습관을 들이고, 컴퓨터나 핸드폰의 경우 메일을 지우고 쓰지 않는 앱을 지워 가볍게 만드는 것으로도 전기 소모를 줄일 수 있다.

그림책을 읽으며 무거워졌던 마음은 '내 행동으로 바뀔 수 있다'는 의지를 다지며 조금 가벼워졌다. 지구 온난화를 늦추는 일에 동참하는 것은 아이들 마음에 '지구를 지킨다.'라는 자부심을 키워 줄 수 있다. 회신용 전기 절약 자료를 만들어 수업 후에 나눠 주고 집에 가서 부모님을 교육하고, 집안 상황을 체크한 후 학부모 소감을 적어 오도록 한다면 교실 수업이 가정에서의 실천과 이어질 수 있다.

『마지막 섬』에서 섬에 사는 아저씨의 모습이 TV에 보일 때 소름이 돋았다. 아무렇지 않게 TV를 끄고 가는 사람의 모습이 우리 모습 같아서 마음에 걸렸다. 기후 난민은 우리가 만든 것이다. 섬이 더는 사라지지 않았으면 좋겠다. (김*후)

『펭귄의 집이 반으로 줄었어요』를 보면서 만약 사람들이 전기를 아끼지 않고 사용하여 지구 온난화를 악화시키면 펭귄은 존재할 수 없다는 사실을 알게 되었다. 전기 절약을 정말 실천하도록 해야겠다. (김*안)

『어느 여름날』을 보며 나는 죄책감을 느꼈다. 처음에 나는 환경을 살리는 일이 '플라스틱만 안 버리면 되겠지.' 생각했는데 모든 것이 연결되어 있다는 것을 알게 되었다. 북극곰과 나도. (오*훈)

함께 읽어요

- 『1도가 올라가면 어떻게 될까?』(크리스티나 샤르마허-슈라이버 글, 슈테파니 마리안 그림, 책읽는곰, 2022)
- 『갈라 행성이 뜨거워지고 있어요!』(루이스 아마비스카 글, 노에미 비야무사 그림, 씨드북, 2019)
- 『도시에 물이 차올라요』(마리아호 일러스트라호 글·그림, 위즈덤하우스, 2022)
- 『돌아갈 수 있을까?』(이상옥 글, 이주미 그림, 한솔수북, 2021)
- 『뜨거운 지구』(애나 클레이본 글·그림, 푸른숲주니어, 2021)
- 『빙하가 사라진 내일』(로지 이브 글·그림, 한울림어린이, 2018)
- 『우리의 섬 투발루』(조민희 글·그림, 크레용하우스, 2020)
- 『투발루에게 수영을 가르칠 걸 그랬어!』(유다정 글, 박재현 그림, 미래아이, 2015)
- 『펭귄의 집이 반으로 줄었어요』(채인선, 김진만 글, 위즈덤하우스, 2021)

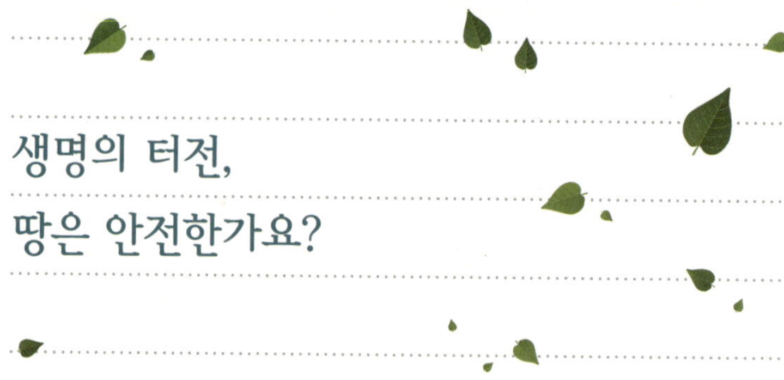

생명의 터전, 땅은 안전한가요?

사막화가 뭐예요?

2021년 7월 25일, 100m 높이의 모래 폭풍이 영화의 한 장면처럼 중국 북서부 간쑤성 둔황을 덮쳤다. 쓰나미가 덮치듯이 모래바람이 도시를 덮어 버린 것이다. 봄이라면 북서풍을 따라 이 모래 폭풍이 바람을 타고 바다를 건너 우리나라까지 왔을 것이다. 공기의 흐름과 구름의 흐름은 국가 간의 경계가 없다. 기온에 의해 만들어지는 기압의 차이로 이동할 뿐이다.

사막에 아주 가까이 있는 사헬(sahel: 사막 주변의 초원) 지대라면 훨씬 더 많은 걱정을 달고 살아야 할 것이다. 기후 변화와 인간의 무분별한 토지 사용은 사막화를 부추긴다. 아프리카 사하라 사막 주변의 사헬 지대가 대표적이다. 사헬 지대는 사막과 열대 아프리카의 점이 지대로, 스텝 또는 사바나 경관이 나타나던 지역이었다. 그러나 1960년대 이후 급격한 인구 증가와 가축의 과다한 방목, 경작을 위한 개간, 땔감 벌채 등 자연의 회복력을 뛰어넘는 무분별한 토지 사용으로 사막화가 더욱 심해지고 있다.

생물이 살아갈 환경이 되려면 기본적으로 물이 있어야 하는데 사막 근처는 기온이 높아 땅이 품고 있는 수분을 계속 증발시키고 있다. 수증기의 양은 구름을 형성할 수준이 되지 못해 비가 내리지 않는 기간이 길어진다. 그러면 시간이 지날수록 사막은 더 넓어지고 흙은 수분을 품지 못해 모래가 되고 흙먼지가 된다.

사막화는 아프리카 사헬 지대만의 문제가 아니다. 북미의 서부 지역, 중앙아시아, 남미의 동부 지역에서도 날이 갈수록 심각해지고 있다. 초지 훼손으로 토양이 침식되며, 지하수 하강으로 토양의 염분 농도가 증가한다. 결국, 식물이 자라지 못하는 토양이 되고 이는 곧바로 사막화로 진행된다.

방법은 없을까? 자연이 만드는 사막화는 인간이 어떻게 하지 못하나 인간이 만드는 사막화는 시간이 오래 걸리지만, 회복할 수 있다. 바로 녹화 사업이다. 쉽게 성과가 나타나지 않지만 오랜 시간 노력하면 식물이 자라고, 식물이 자라며 지력이 좋아지고, 지력이 좋아지면 물을 품을 수 있으며, 생명도 품을 수 있게 된다. 병행해야 하는 일은 거주 지역의 근대화다. 벌목으로 화력을 얻는 것이 아니라 대체 에너지를 활용할 수 있도록 개선해야 한다.

희망이라는 씨앗은 인내와 끈기가 필요해

어느 책으로 사막화 현상을 이야기하나 고민하다 미리 작성한 원고를 다 버리고 다시 시작했다. 장구한 시간의 관점에서 자연의 흐름, 사막화의 원인 등을 관조하는 책은 있었지만 그러한 내용들은 사막화로 생기는 아픔과 구체적인 삶을 보여 주지 못했다. 최종적으로 선택한 책은 『우리 마을이 사막으로 변해 가요』란 작품이다.

이 그림책은 사헬 지대에 살던 미노이 가족의 이야기다. 농사를 짓고, 가축을 기르며 행복하게 살던 미노이 가족에게 강물이 마르자 닥친 문제는 한두 가지가 아니었다. 다른 물웅덩이까지 가려면 한나절이 걸리고 돌아오면 하루가 지나는데 그곳의 물이 깨끗하지 않은 것이 더 큰 문제였다. 그래도 하는 수 없어 그 물을 받아 와 온 가족이 마셨는데 모두 배탈이 났다. 엄마는 그 물이라도 받아 와야 생활하니 물을 길으러 가고, 미노이가 아픈 동생을 돌본다. 결국 동생은 얼마 버티지 못하고 세상을 떠나고 마는데, 그 뒤 미노이는 학교 가는 것을 포기하고 물을 길으러 나선다.

사막화가 진행되는 곳에서 물 부족은 아주 심각한 문제다. 강

『우리 마을이 사막으로 변해 가요』

유다정 글, 황종욱 그림, 미래아이, 2014

아름답고 생활에 불편함이 없었던 지역이 사막화로 인하여 여러 어려움을 겪고 있는 모습을 보여 준다. 물을 받아 오는 일로 하루가 다 지나간다면 어떨까?

물이 말라 없어지고, 물웅덩이의 물도 더러워 마음 놓고 마실 수 없다. 갖가지 수인성 질환을 일으키는 병원균을 품은 물이라 마실 수 없는데도 다른 물이 없어 그 물을 마시고 병을 얻는 일이 되풀이된다.

사막화는 그 지역에 사는 사람들에게만 책임이 있을까? 멀리 떨어져 사는 우리는 관계없을까? 아이들과 이 질문으로 수업을 시작했다. 아이들은 비가 내리지 않아 물이 부족해진다는 것, 병균이 아주 많은 물을 마셔야 한다는 걸 안타까워했다. 우리의 편리한 생활이 지구 온난화를 부르고, 다른 곳에서 사는 사람에게 불편을 줄 수도 있다는 사실에 놀라워하며 멀리 있는 우리는 어떻게 해야 하는지에 관심을 가졌다. 그러면서 에너지 절약을, 물 아껴 쓰기를 다짐했다.

금요일은 운동장 체육 수업을 하는 날이다. 2021년 5월과 6

월에 금요일만 되면 비가 내려 운동장에 나가지 못했는데 아이들은 그 일도 기후 변화와 관계있느냐고 질문했다. 거의 이틀에 한 번씩 내린 잦은 비도 물론 기후 변화와 관계된 일이라고 설명했다. 2021년 7월은 장마 기간이지만 오히려 가뭄 현상이 일어나고, 8월에는 열돔 현상으로 기온이 치솟는 것을 경험했다. 우리나라는 기후 변화 속에서 안전지대가 아님을, 기후 변화에 적극적으로 대비해야 한다는 것을 스스로 깨닫게 되었다.

사막과 관련된 그림책을 몇 권 읽고 난 뒤 우리 아이들은 놀라워했다.

"사막이 인간에 의하여 생기기도 하네요. 전 지구가 생길 때부터 사막이었다고 생각했어요."

"지구의 역사는 인간이 헤아리기 어려울 정도로 오래되어서 다 속속들이 알 수는 없지요. 하지만 초원이었다가 사막이 되는 것은 최근에 자주 목격되는 일입니다."

"우리가 사막화를 막을 수 없을까요?"

"지구 온난화를 막는 일이 사막화를 막는 일이기도 한데, 진짜 사막에 나무 심기를 끈질기게 해서 성공한 사례가 있어요. 나중에 생태 환경 인물 그림책에서 만나기도 하겠지만 동영상을 한번 보세요."

아이들과 함께 본 영상은 KBS에서 제작한 <숲으로 가는 길> 영상이다. 사막을 숲으로 되돌리는 것은 결코 쉬운 일이 아니나 성공하는 사람이 없지 않음을, 사막으로 변하기 전에 보전하는 것이 더 중요함을 마음에 새기는 시간이 되었다.

이쯤에서 오래전에 읽은 책을 소개하고자 한다. 앞서 보여 준 동영상의 주인공이며 중국 마오우쑤 사막에 1,400만 평이나 되는 푸른 숲을 일궈 낸 여성 '인위쩐'의 삶을 보여 주는 『사막에 숲이 있다』(이미애 지음, 서해문집, 2006)이다. 황량한 사막에서 20년 넘게 풀씨를 뿌리고 나무를 심은 사람의 삶을 다큐멘터리 작가가 기록했다. 이 책을 보면 인간의 노력이 자연을 변화시킬 수 있음에, 하늘은 스스로 돕는 자를 돕는다는 말에 감탄하게 된다. 인간의 강한 신념은 신과 같은 일을 해낸다는 감동과 함께 인위쩐의 삶은 인간적인 좌절과 고뇌와 힘겨움을 고스란히 보여 준다. 숱한 시행착오로 비싼 수업료를 내야만 했으나 결국 그녀는 하늘과 모래와 바람, 모든 자연과 공존하는 법을 터득한다.

사막화를 주제로 이야기할 때 빼놓을 수 없는 것이 바로 '나무'다. 나무 관련 그림책을 좋아하는 나로서는 『작은 씨앗이 자라면』을 만난 것이 참으로 반가웠다. 읽으며 좋은 책을 만나 기분이 좋았는데 마지막 면을 보고 고개가 갸웃거려졌다.

책에서는 마지막 면에 등장하는 나무의 이름을 '플라타너스'라고 밝혔는데 우리가 알고 있는 플라타너스가 아니었다. '총상꽃차례', '헬리콥터 씨앗'은 플라타너스에서는 볼 수 없다. 오히

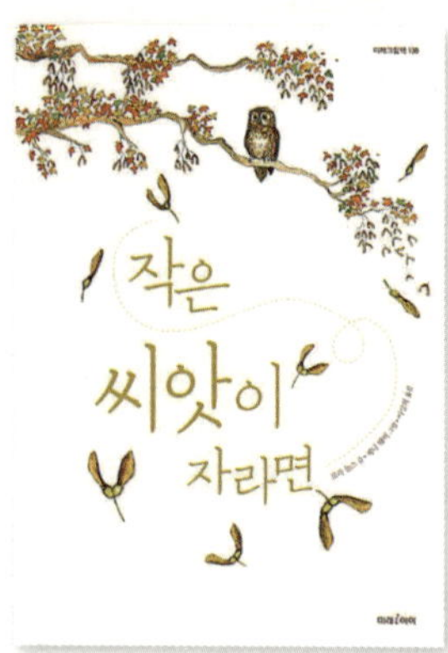

『작은 씨앗이 자라면』

로라 놀스 글, 제니 웨버 그림, 이상희 옮김,
미래아이, 2018

작은 씨앗이 싹 터 커다란 나무가 되고,
그런 나무들이 모여 숲이 된다는
단순한 이야기지만 글과 그림은 잔잔하게
우리의 감정을 건드린다.

려 단풍나뭇과에 속한 나무들에서 볼 수 있다. 교사인 나로서는 아이들이 보는 책이라 오류를 바로잡아야 할 것 같았다. 이에 1쇄의 책을 보고 있음을 밝히고, 나무 이름을 전문가에게 다시 확인하는 것이 좋겠다는 요지의 메일을 출판사에 보냈다. 한참 만에 답장을 받았다. '플라타너스단풍'이라고 했다. 검색해 보니 유럽 원산 단풍나무속으로 '모식종'이라고 했다. '모식종'은 식물 분류학에서 '속'을 정할 수 없는 종이라고 한다. 이름에 '플라타너스'가 붙은 이유는 잎이 플라타너스를 닮아서였는데, 플라타너스와는 전혀 다른 단풍나무의 일종이었다.

『작은 씨앗이 자라면』은 작은 씨앗 하나가 아름드리나무로 성장하는 과정을 보여 준다. 자연의 놀라운 생명력을 배우게 되는데 무엇보다도 글과 그림이 시적이다. 출판사에서 제작한 홍보 영상은 섬세한 동판화로 씨앗의 성장 과정을 보여 준다. 선 하나하나가 치밀하고 색감이 아름답다. 이름을 알려 주지 않은 작은 씨앗이 싹이 트고 자라는 과정을 보여 주며 서사는 운율이 살아 있는 시의 문장으로 계속된다.

커다랗게 자라 커다랗게 품어 주는 온갖 생명의 집, 자연의 이야기다. 그림책은 나무 한 그루의 이야기지만 숲에는 이런 나무가 셀 수 없이 많다. 숲이 살아나야, 나무 집이 많아져야 모든 생명체가 어우러져 살아가고 생태계가 유지된다. 사람도 자연의 한 부분으로 이렇게 생명을 품을 줄 아는 나무 집이 되길 바란다.

생태 감수성 기르기

새로운 발령지 학교에 처음 방문하여 교실에 가 보니 남쪽 창가의 창턱이 10cm다. 그걸 확인한 순간 '어떻게 하지?' 하는 마음이 생기며 큰 실망감이 차올랐다. 이전 학교에서 5년간 식물원처럼 가꾸던 교실이 생각나 아쉬움이 컸다. 어떻게 아이들과 식물 가꾸기를 할 것인지 골몰하며 퇴근하는 발걸음이 무거웠다. 이삿짐에는 이미 빈 화분이 한 상자 가득 있었다. 아이들이 식물을 집으로 가져가길 좋아한다는 걸 확인하고 어느 정도 안정적으로 자라면 집으로 보내려 했는데 그 공간이 없으면 무엇으로 대체해야 할지 막막했다. 그러다가 돌아오는 버스 안에서

'아, 책꽂이!' 하고 해결 방법이 떠올랐다. 책꽂이가 창턱과 비슷한 높이였던 게 생각났다.

교실의 초록 환경에 신경 쓰는 이유가 있다. 2020년, 2021년 코로나 상황을 거치면서 우리 반 아이들은 교실에 붙박이처럼 있는 식물로 위로를 받았다. 그려 보라 하지 않았는데도 식물 화분을 그리기도 하고, 꽃이라도 피면 웃음꽃을 피우며 바라보고, 손으로 쓰다듬어 냄새 맡기도 하면서 나름의 방식으로 즐겼다. 올해는 더욱 적극적으로 아이들에게 흙을 만지고 식물이 자라는 것을 관찰하며, 가꾸기를 통하여 생명의 소중함을 길러야겠다는 계획을 세웠다.

교실에서 식물 가꾸기는 꾸준하게 관심을 주어야 하는 일이다. 빛이 잘 들어오도록 신경 써야 하고, 흙이 마르지 않게 물 주는 것을 잊지 말아야 하고, 통풍도 잘 되도록 눈여겨봐야 하며, 적절한 온도를 유지해야 한다. 또 물을 많이 줘야 하는 식물과 그렇지 않은 식물의 특성을 살펴 줘야 한다. 아이들에게만 맡기면 물을 많이 줘 뿌리가 상하는 경우가 있다. 방학 기간에는 방치해 말라 죽거나 얼어 죽는 경우도 생긴다. 교실에 있는 식물 이름과 특징을 미리 공부하고 관리한다면 교실에서 식물 가꾸기는 성공할 것이다.

아이들과 식물 가꾸기를 할 때 식물을 화원에서 사다 옮겨 심는 과정을 거치는 것은 비용이 많이 들어 계속하기 어렵다. 주로 내가 활용하는 방법은 번식력이 강한 식물을 분갈이하는 방법이다. 나무를 가지치기한 후에 물에 담가 놓으면 뿌리가 생긴다. 어느 정도 뿌리가 튼실하게 자랐다 싶으면 화분에 옮겨 심으면 된다. 교실에서 생태 감수성을 기르는 수업은 이와 같은 방법을 활용하면 한 번으로 끝나지 않고 계속할 수 있는 장점이 있다. 빈 화분만 충분히 확보해 놓으면 된다.

비닐이나 마대를 넓게 펼치고(마대가 없다면 교실에서 오래된 돗자리 이용) 가운데에 흙을 쏟는다. 교실에서 사용하는 흙은 시중에 분갈이 흙으로 판매되는 상토다. 다육 식물이라면 흙과 마사토를 섞어 물 빠짐이 좋게 해야 하나, 자주색 달개비는 분갈이 흙만을 사용했다. 작은 화분 하나에 두 줄기 정도 심었다. 화분 맨 아래는 자갈을 까는 것이 좋으나 작은 화분은 그냥 면 거즈나 양파망을 잘라 넣고 흙을 넣어도 된다.

분갈이를 했다면 자기 화분을 책상에 놓고 관찰한다. 식물이 어떻게 생겼는지 이것저것 묻고 답하며 이야기를 나눈다. 어디에 놓을 것인지, 얼마 만에 물을 줄 것인지 확인하며 식물 이름표도 쓴다. '식물 이름표'에는 식물의 이름, 내가 지은 이름, 좋아하는 조건과 '나의 약속'을 기록한다. 식물이 햇빛을 좋아하는지 물을 좋아하는지는 원산지를 알면 그 조건을 파악하기 쉽다. 이런 내용은 인터넷 검색으로 아이들과 함께 살펴보는 것이 좋다. '나의 약속'은 관리 차원에서 내가 할 일이다. 잊지 않고 실천할 내용으로 무슨 요일에 물을 줄 것인지 기록한다.

생명을 관리하는 일은 책임이 따르는 일이다. 나는 식물을 관리할 때 아무 말 없이 묵묵히 하지 말고 식물과 대화를 나눌 것을 권했다. 이름을 불러 주고, 어떤지 묻고, 나에게 어떤 일이 있었는지 대화를 나누면 식물과 인간의 교감은 더욱 긴밀해진다.

함께 읽어요

- 『그 나무가 웃는다』(손연자 글, 윤미숙 그림, 시공주니어, 2018)
- 『꿈꾸는 사막』(박경진 글·그림, 미세기, 2019)
- 『나무는 숲을 기억해요』(로시오 마르티네스 글·그림, 노란상상, 2013)
- 『나무집』(마리예 톨만, 로날트 톨만 지음, 여유당, 2014)
- 『낙타 소년』(박혜선 글, 함주해 그림, 발견, 2021)
- 『대머리 사막』(박경진 글·그림, 미세기, 2019)
- 『땅이 아파서 끄응 끙』(조임생 글, 조준봉 그림, 스푼북, 2019)
- 『살아있는 땅』(엘레오노레 슈미트 글·그림, 비룡소, 2003)
- 『숲을 그냥 내버려 둬!』(다비드 모리송 글·그림, 크레용하우스, 2011)
- 『씨앗 100개가 어디로 갔을까』(이자벨 미뇨스 마르틴스 글, 야라 코누 그림, 토토북, 2018)
- 『초록 커튼을 심자』(루리코 글, 노구치 요코 그림, 시금치, 2020)

공짜 공기가 아니었어요

변해 버린 공기, 변해 버린 일상

2013년 중국 장쑤성에 사는 8세 소녀의 폐암 소식은 전 세계에 토픽으로 퍼져 나갈 정도로 충격적인 사건이었다. 소녀의 가족 중에 흡연자는 없었고, 단지 장쑤성의 교통이 혼잡한 곳에서 살았다고 한다. 대기 오염이 얼마나 폐 건강에 치명적인지 보여 주는 사건이었다. 이 사건을 배경으로 나온 그림책이 『죽음의 먼지가 내려와요』(김수희 글, 이경국 그림, 미래아이, 2015)다. 이 책으로 에어포칼립스(airpocalypse)를 경험했다. 에어포칼립스는 공기를 뜻하는 에어(air)와 종말을 뜻하는 아포칼립스(apocalypse)를 합친 신조어로, 대기 오염으로 인한 인간의 종말론을 말한다.

산소 호흡을 하는 우리는 산소가 부족하면 생명이 위험하다.

그 산소는 돈을 주고 사는 것이 아니고, 음식처럼 씹어 먹는 행위가 필요한 것도 아니다. 우리는 그저 공기를 들이마시고 내뱉으면 된다. 생명이 위급할 때는 인공호흡기에 의존하지만, 우리의 일상에서 호흡은 자연스러운 신체 활동이다. 그런데 점차 이 생명 활동이 위협받고 있다. 우리가 공기에 오염 물질을 너무 많이 내보냈기 때문이다.

어려서 공부할 때는 환경 오염과 관련된 단어로 '스모그(smog)'를 배웠다. 스모그는 연기(smoke)와 안개(fog)가 합쳐진 말이지만, 일반적으로 매연이 발생해 오염된 공기층을 말한다. 스모그에 어떤 물질이 많이 함유되었느냐에 따라 유황 스모그와 광화학 스모그로 나뉘고, 스모그 현상이 여러 날 이어질 때 많은 인명 피해가 발생한다.

요즘 공기 오염 상태를 말할 때는 미세먼지와 초미세먼지의 농도를 확인한다. 미세먼지의 단위는 ㎛(마이크로미터)와 ㎍(마이크로그램)을 기준으로 하는데 ㎛는 1m의 백만분의 일에 해당하는 길이이며, ㎍은 1g의 백만분의 일에 해당하는 무게 단위다. 대기 중에 부유하는 분진 중 지름 10㎛ 이하인 먼지로, 눈에 보이지 않을 정도의 가늘고 작은 입자를 '미세먼지(PM10)'라고 하고, 지름 2.5㎛보다 작은 먼지를 '초미세먼지(PM2.5)'라고 한다. 이 미세먼지와 초미세먼지는 호흡 과정에서 폐에 들어가 폐 기능을 낮추고, 면역 기능을 떨어뜨리는 등 여러 질환을 유발하는 대기 오염 물질이다.

교사가 되고 적응해야 했던 변화 중 하나는 '예보'에 따라 행동해야 한다는 점이었다. 예보를 무시하고 운동장에서 체육 수업을 하면 즉각적으로 민원 전화가 온다. 20~30년 전에는 이런 예보를 심각하게 받아들이는 사람이 거의 없었다. 그런데 요즘은 봄철 황사에 중국의 산업 발달로 발생한 미세먼지가 섞여 우리나라에 온다는 뉴스를 접하는 순간 모두가 예민해진다. 봄철이 지나도 미세먼지의 농도는 정상 범위에 있는 날이 많지 않다. 우리나라에서 발생하는 미세먼지도 만만치 않다는 이야기다. 체육 수업이 있는 날이면 나도 아이들도 미세먼지 농도를 확인한다. 마스크를 쓰라, 외출을 자제하라, 손 씻기를 습관화하라는 등의 이야기가 일상에서 자연스러워졌다.

어떻게 하다 우리는 눈에 보이지도 않는 이 먼지를 신경 쓰며 살게 되었을까? 황사는 몽골 초원의 겨울 날씨와 관련이 깊다. 몽골 초원에 눈이 많이 내리면 땅에 수분이 많아져 봄에 식물이 자라 초원이 된다. 그러나 지구 온난화로 겨울에 눈이 많이 내리지 않게 되자 사막이 넓어지고, 봄철 바람은 황사를 더 많이 날려 보낸다. 거기에 유목민들이 기르는 가축도 한몫한다. 양은 땅 위로 올라온 풀을 먹지만 염소는 풀의 뿌리까지 캐 먹는다. 염소가 지나간 자리는 이듬해 봄이 와도 싹을 틔울 식물이 없다. 이런 목축업과 기후 변화로 사막은 점점 넓어지고 모래바람은 심해진다.

'마스크'가 미세먼지와 초미세먼지를 피하는 유일한 방법일까? 원인을 알면 해결 방법을 찾을 수 있으나, 원인을 안다고 해결 방법이 언제나 손쉬운 것은 아니다. 미세먼지와 초미세먼지는 산업이 발달함에 따라 발생하는 중금속이 포함된 대기 오염물질이다. 매연이 나오는 모든 굴뚝을 막으면 공기의 질은 좋아진다. 코로나로 전 세계가 멈춘 순간, 일시적으로 공기 상태가 좋아졌다. 공기를 좋게 하자고 모든 산업 활동을 멈출 수는 없다. 매연이 덜 나오도록 과학 기술을 이용하고, 대중교통 이용하기, 에너지 절약하기 등 우리가 너무나 잘 알고 있는 해결 방법을 실천해야 한다.

우리는 상상해 본 적이 없는 코로나19의 세계 대유행을 2019년 말부터 겪고 있다. 눈에 보이지 않으나 전파력이 강하고 사람에 따라 치명적일 수도 있는 전염병과 맞서 싸우며 마스크 쓰기는 필수가 되었다. 2023년 규제가 완화되어 마스크 착용을 권고하는 정도로 바뀌었지만, 우리는 감히 얼굴에서 마스크를 떨쳐 내지 못하고 있다. 더는 물러날 수 없는 상태에서는 대동단결의 실천뿐이라는 걸 우리는 코로나로 학습했다. 전 세계인이 마스크를 착용하고 만남을 자제하며 이동을 줄인 3년, 서서히 코로나와의 공생에 자신감을 얻게 되었다. 지구가 보내는 기후위기를 극복하는 방법도 이렇게 불편한 실천을 마다하지 않고 움직일 때 해결의 실마리가 보일 것이다.

바람이 지구 한 바퀴를 도는 데 2주면 된다

대기 오염 분야를 많은 시간 연구한 윤순창의 『먼지가 지구 한 바퀴를 돌아요』다. 서사는 순하게 흐르지만, 대기 오염의 이론적 이야기를 빼놓지 않고 있다. 문구를 하나하나 곱씹으며 읽어야 한다. 전반부는 사막에서 일어나는 모래 먼지의 이야기다. 이 모래 먼지가 우리나라에 영향을 미치는 '황사'로, 이 바람이 지구 한 바퀴를 도는 데는 2주 정도의 시간이 걸린다고 한다.

후반부는 미세먼지와 초미세먼지가 그 바람에 함께 올라타는 내용을 다루고 있다. 이 먼지들은 너무 작아 우리 몸에 쌓여 병을 유발한다. 또 화석 연료를 쓸 때 나오는 '검댕(블랙카본

『먼지가 지구 한 바퀴를 돌아요』

윤순창 글, 소복이 그림, 웅진주니어, 2019

눈에 잘 보이지 않는 먼지를 경계해야 하는 세상이 된 지 오래되었다.
왜 그리되었는가? 지구적인 흐름을 인간이 자꾸 간섭하며 일어난 일이다.
더 자주, 더 많이 우리는 파란 하늘을 그리워하는 지구인이 되었다.

black carbon)'은 지구 온난화를 부추기고, 빙하를 녹여 해수면을 상승시킨다. 많은 오염 먼지구름이 비(산성비)가 되어 내리면 바다 생물이 오염된다.

아이들과 읽을 때는 '검댕'의 의미를 한 번 새겨 주는 것이 좋다. 검댕은 화석 연료가 불완전 연소할 때 나오는 검은 '그을음'이다. 오염 먼지구름 속에 포함된 '검댕'은 가시광선을 흡수하고 적외선으로 전환하여 대기 중에 방출하는데, 이때 열을 함께 내보내 지구 온난화에 영향을 미친다. 특히 극지방 빙하 위에 있는 검댕은 태양열을 흡수하여 빙하가 녹는 속도를 가속화한다.

온실가스는 그동안 온실 효과를 일으켜 인간이 살기 적당한 온도를 만들어 주었다. 그런데 이 기체들이 필요 이상 증가하여 지구 온도를 높이는 온난화의 주범이 되었다. 마지막에 이르면 오염 먼지구름은 남극, 북극은 물론 깊은 바다, 우리 몸속까지 바꾸며 지금도 온 세상을 돌아다니고 있다고 한다. 지구를 빙빙 돌면서 곳곳에 영향을 미치는 것이다. 눈에 보이지도 않는 먼지일 뿐이라고 무시할 수 있는가?

다음으로 소개할 그림책은 『굴뚝 이야기』다. 앞의 책이 사실적인 정보 그림책이라면, 이 책은 옛이야기 서사 구조를 지닌다. 저학년과도 대기 오염 이야기를 부드럽게 풀어 나갈 수 있다.

옛날에 큰 부자가 굴뚝이 많은 커다란 집에서 살았다. 부자는

『굴뚝 이야기』

리우쉬공 글·그림, 김미홍 옮김, 지양어린이, 2019

산업의 발달과 오염 문제는 긴밀하게 연결되어 있다. 선택은 우리가 하는 것이다. 우리의 선택으로 미래의 모습은 바뀐다. 미래를 먼저 생각하고 선택해야 하지 않을까?

굴뚝에서 나온 연기로 기침이 심해지자 굴뚝을 아주 먼 곳, 가난한 사람들이 사는 곳으로 옮겼다. 굴뚝은 어마어마한 돈을 부자에게 가져다주었고 부자는 점점 더 부자가 되었으나 검은 연기가 자욱해질수록 푸른 숲은 사막으로 변하고 마실 물이 없어졌다. 가난한 마을의 사람들은 굴뚝의 비밀을 알아내고 굴뚝을 멈추기로 한다.

작가가 말하는 '굴뚝'의 의미는 무엇일까? 공장을 세우고 물건을 생산하는 것을 의미하기도 하지만, 부자가 '굴뚝이 멎자 많은 물건을 쓸 수 없다.'라고 표현하는 것을 보면 전기를 생산하는 발전소를 의미하기도 한다. 중금속이나 발암 물질이 포함된 미세먼지 이야기일 수도 있고, 이산화탄소, 이산화질소, 메탄 등 온실가스 이야기일 수도 있다. 전기를 생산하여 공장을 가동하는 산업 발달이 불러온 지구 온난화 이야기를 '굴뚝'이라는 상징을 사용해 풀어낸 것이라고 볼 수 있다.

굴뚝을 멀리 옮긴다는 말의 의미도 살펴야 한다. 인건비가 싼 곳으로 공장을 이동(아웃소싱, outsourcing)하여 생산 원가를 줄여 이익을 최대화하거나, 환경 오염 규제가 덜한 개발도상국으로 가서 물건을 생산한다는 이야기다. 노동자들이 굴뚝을 멈추라는 말에 정말 멈춰야 하는지 고민하는 장면이 마음 아팠다. 공해를 유발하지만 노동자들의 생계를 유지할 수 있게 해 준 곳이 바로 공장이었던 것이다. 건강을 잃게 될 것을 알면서도 굴뚝을 작동시켜야 하는 노동자들의 상황이 안타까웠다.

그림은 검은 연기(온실가스) 때문에 지구 기온이 오르자 다양한 현상이 일어남을 보여 준다. 숲이 사막으로 변하고, 땅에 물이 말랐으며, 빙하가 녹고, 해수면 상승으로 집이 물에 잠긴다. 검은 연기가 태풍을 만나면 더욱 강력한 태풍으로 변하여 어마어마한 비를 내리면서 산사태를 일으켜 집이 무너져 내린다. 지구 온난화는 맨 먼저 기후 변화를 불러온다.

재난 상황을 텔레비전으로 보던 부자가 자기 집이 안전하다고 안심하는 장면이 있는데 이 장면을 후다닥 넘기면 안 된다. 기후 위기의 재앙은 부자들에게 가는 것이 아니다. 부자는 자신의 부로 위기를 피해 가지만, 가난한 사람들은 삶의 터전을 잃고 생명을 잃는다. 텔레비전으로 보여 주는 장면은 아주 작은 그림이지만 자세하게 살펴야 한다. 재난 장면에는 난민촌(임시 대피소), 부상을 치료하는 병원, 배급소, 끊어진 다리, 침수된 가옥과 농경지, 산사태, 홍수, 무너져 내린 건물 더미 속에서 생명을 구하는 모습이 담겨 있다. 그 상황을 자세히 살펴보며 재앙을 맞닥뜨린 사람이 지금 어떤 심정인지 헤아린다면 더없이 좋을 것 같다.

조그만 재난 장면 그림에 작가는 그림마다 검은 연기를 넣었다. 이 재난의 양상은 서로 다르지만, 근원적인 원인은 '검은 연기' 때문이라고, 지구 온난화로 인한 환경 재앙이라고 말하는 것이다.

또 한 곳 유심히 보아야 할 곳은 지구 그림이다. 서사는 검은 연기가 어디에서 오나 살피는 장면인데 그림이 표현하고자 하는 것은 검은 연기가 바람을 타고 이동하여 지구 전체를 도는 모습을 보여 준다. 앞에서 읽은 그림책에서의 내용을 빌리자면 공기가 지구 한 바퀴를 도는 데 2주가 걸린다. 오염된 공기는 발생 지역에 멈춰 있지 않는다.

어떻게 해야 할까? 책은 고맙게도 방법이 없는 것이 아니라는 듯 가난한 사람들이 선택한 방법을 보여 준다. 마을 주민이 공동체를 만들어 공장을 멈추게 하고, 물건에 욕심내지 않고, 돈에 매달리지 않는다. 불편함을 불편함으로 여기지 않고 즐거움으로 받아들인다. 낮에는 돌을 치우고 나무를 심고, 밤이면 집을 설계한다. 그리고 굴뚝 없는 집, 굴뚝 없는 시장, 굴뚝 없는 마을을 건설한다. 이 마을에서는 모두가 평등하고 모두가 행복하다. 탈성장으로 생명을 소중하게 여기는 마을이 되었다.

작가는 이 마을을 통하여 독자에게 '이렇게 해야 미세먼지, 초미세먼지를 막을 수 있으며, 지구 온난화로부터 지구를 구할 수 있다.'라고 말한다.

생태 감수성 기르기

코로나19가 유행하기 전의 상태라면 대기 오염을 둘러싼 생태 감수성 기르기는 최종적으로 마스크 쓰기를 강조하려 했으나, 요즘 마스크 쓰기에 거부감이 없는 상태여서 어떤 활동을 해야 할지 고민했다. 학교 근처에는 숲도 없어서 마스크를 벗고 숲 체험을 하면 좋을 것 같은데 그것도 가능한 일이 아니다.

5월 31일 '금연의 날'과 연결하여 담배 연기를 들이마시는 일이 얼마나 위험한지 교육하고 동영상을 본 뒤 금연 각서를 작성하며 다짐하는 시간을 마련했음에도 뭔가 미흡했다.

결국, 자잘한 활동을 이어 전개했다. 미세먼지와 초미세먼지를 일기 예보에서 어떻게 발표하는지 알아보고 각각 등급에서 금지하는 행동은 무엇인지 찾아보았다. 오염 먼지가 우리의 건강을 어떻게 해치는지도 살펴보았다. 그리고 대기 오염의 위험성을 알리는 포스터, 미세먼지와 초미세먼지의 위험성을 알리는 포스터를 작성했다. 포스터에는 내가 지킬 생활 수칙을 정리해 넣었다.

“우리는 마스크를 쓰는 3년의 경험으로 자유롭게 숨을 쉰다는 것이 얼마나 소중한 일인지 깨닫게 되었어요. 전염병의 전파력이 강력하여 마스크와 손 세척을 많이 강조했지요. 그런데 코로나가 오기 전에도, 코로나가 물러난 후에도 공기에는 미세먼지와 초미세먼지가 떠다닌다는 것을 알게 되었어요. 또 그 작은 먼지들이 아주 위험하다는 것도 알게 되었지요. 어떻게 하는 것이 좋을까요?”

“오염 농도가 높은 날, 조심하는 것도 중요하지만 오염 농도가 높아지지 않도록 하는 것도 중요할 것 같아요.”

“그렇지요. 어떻게 하면 미세먼지나 초미세먼지가 줄어들고 온실가스가 줄어들게 할 수 있을까요?”

“공장의 굴뚝을 우리가 막을 수는 없잖아요. 우린 자동차를 운전하는 것도 아니고.”

“가까운 곳은 걸어가고, 대중교통을 이용하며, 전기를 절약해야 할 것 같아요.”

포스터를 만들고 뒷면에 소감문을 작성해 보라고 하니 아이들은 나름대로 생각을 이야기했다. 지금 이 조그만 아이의 실천으로 에너지를 비축하는 양은 정말 보잘것없을 수 있으나, 이 아이가 살아가는 내내 그 일을 실천한다면 그것은 결코 보잘것 없는 양이 아니다.

우리의 기후 행동 Top 5

- 승용차 이용 줄이고 대중교통 이용하기
- 미세먼지 많을 때는 외출 자제하기
- 외출할 때 마스크 쓰기, 돌아오면 비누로 손 씻기
- 가까운 거리 이동할 때 걷거나 자전거 타기
- 물, 채소, 과일 등 수분 많이 섭취하기

(남*빈)

함께 읽어요

- 『검은 하늘에 갇힌 사람들』(김정희 글, 박은정 그림, 그린북, 2022)
- 『공기는 안 괜찮아』(고여주 글, 미르 그림, 상상의집, 2016)
- 『링링은 황사를 싫어해』(고정욱 글, 박재현 그림, 미래아이, 2011)
- 『미세먼지 걱정마!』(최가영 글, 박영준 그림, 창조와 지식, 2020)
- 『미세먼지 해결사 슈퍼피시』(오리안 랄망 글, 모레앵 푸아뇨네크 그림, 씨드북, 2018)
- 『오늘도 미세먼지』(김민주 글·그림, 미세기, 2022)
- 『잠시, 후』(김고은 글, 최지현 그림, 수피아, 2020)
- 『탁한 공기, 이제 그만』(이욱재 글·그림, 노란돼지, 2015)

물의 여행

순환하는 물

블로그의 한 이웃이 2022년 5월 소양강의 물이 얼마나 줄었는지 사진을 올렸다. 가뭄이 심하여 강물이 실개천처럼 흐르고 있었다. 수도꼭지만 틀면 물이 콸콸 쏟아지니 그 정도인 줄 몰랐다.

지구는 물이 많은 곳이다. 지구 표면의 약 71%는 물로 덮여 있으며, 바다는 지구 전체 물의 약 97%를 보유하고 있다. 나머지는 강, 호수, 만년설, 빙하, 대수층(지하 암반 사이의 지하수), 공기 중의 수증기, 토양이 품은 수분 등이다. 3%를 이루고 있는 비율을 보자면 극지방이 약 2%, 담수는 약 1%인데, 이 1% 중 담수의 일부인 대수층이 0.62%이므로 나머지 약 0.4%도 안 되는 물을 우리가 사용한다. 식물이 흡수하고, 농사에 이용하고, 공장을 가동하고, 우리가 마신다. 이 0.4%에 해당하는 물 중 식수로 사용 가능한 물은 얼마나 될까? 물이 많은 지구인데 실제로 마실 수 있는 물의 양은 많지 않다. 인구는 늘어나고, 산업은 발달하고, 농업은 많은 화학 약품을 사용하고, 축산업이 발달하고, 쓰레기의 양은 늘어난다. 이 모든 상황은 비점 오염원으로 작용하여 안심하고 마실 물은 더욱 줄어든다.

물의 순환은 기온과 밀접한 관계를 이루며, 구름이 만들어질 때 미세먼지, 초미세먼지, 온실가스 등을 다 흡수하여 산성비로 내린다. 내린 비는 도로, 농토, 과수원, 축사 등을 거치며 알 수 없는 엄청난 오염원을 받아들여 함께 흐른다. 결국, 지구의 물은 지구 온난화로 높아진 열을 흡수하는 흡수원이고, 인간 활동으로 발생한 오염원을 끌어안은 상처투성이 몸이다.

우리가 마시는 물은 어디서 왔을까? 지하수로 스며드는 물의 양보다 더 많은 양의 물을 뽑아내면 지반이 내려가는 '땅꺼짐 현상'이 일어난다. 흔히 '싱크홀(sink hole)'이라 하는데 지하 암석(주로 석회암)이 용해되거나, 기존의 동굴이 붕괴하여 생기는 현상이다. 특히 지하수가 빠지면 땅굴의 천장이 그 무게를 견디지 못해서 땅이 꺼지게 된다. 고로 대수층의 물을 하염없이 퍼 먹을 수 없는 상황이다.

물은 산업 발전에도 많은 역할을 한다. 전자 제품에 필수적인 반도체는 매우 정밀하게 제작하는데 엄청난 양의 물이 필요하다. 대만에서는 세계적인 반도체 기업인 자국 회사 TSMC에 우선적으로 물을 공급하여, 주변 농경지에서는 가뭄 현상이 일어나 농사짓기가 어려워진다고 한다. 이러한 보도는 더 이상 남의 일이 아닐 것이다. 어느 지역은 가뭄을 겪고, 어느 지역은 짧은 시간에 많은 비가 내려 홍수가 발생하고, 어느 지역은 물이 충분히 공급되는 불균형을 겪고 있다. 지역 간 물 불균형으로 2022년은 물에 대한 민감도가 매우 높아졌다.

'가상수(假像水)'라는 말이 있다. 토니 앨런이 도입한 개념의 하나로 우리 눈에는 보이지 않지만 어떠한 제품을 생산하는 전 과정에서 사용되는 물을 일컫는 말이며 '물 발자국'이라고도 한다. 예를 들면 사과 한 개의 가상수는 70L 정도다. 농부가 과수원에서 키우고, 키운 사과를 포장하여 사과 가게로 이동하고, 그걸 사 오는 데 든 물의 양을 계산한 것이다. 햄버거 한 개의 가상수가 2,400L다. 소고기 1kg을 생산하는 데 2만 L 이상의 물이 필요하다고 한다. 햄버거에는 소고기 패티가 있고, 각종 채소가 들어 있으니 재배에 들어간 물도 포함한다. 결국, 국가 간에 농산물을 교역하는 것은 물을 교역하는 것과 마찬가지다. 입맛에 안 맞는다고 음식물을 버리는 것은 만드느라 들어간 가상수를 버리는 일이다. 버린 음식물로 오염된 물이나 토양을 정화하는 데는 어마어마한 양의 깨끗한 물이 필요하다.

물은 생명의 근원

중앙아시아 중심에 있는 아랄해('섬들의 바다'라는 뜻)는 세계에서 네 번째로 큰 내해였다. 1960년 수위는 해발 53m, 면적은 6만 8,000㎢였던 것이, 1987년에는 면적의 40%가 줄고 수위는 12m 이상 낮아졌다. 1960년 무렵 아랄해로 유입되는 시르다리야강과 아무다리야강의 물길을 돌렸기 때문이다. 이 두 강의 물길을 돌린 이유는 소련 정부가 우즈베키스탄, 카자흐스탄, 투르크메니스탄 등에 있는 막대한 면적의 목초지와 비(非)경작지를 '관개 농지'로 바꾸기 위해서였다. 그로 인해 아랄해에 유입되는

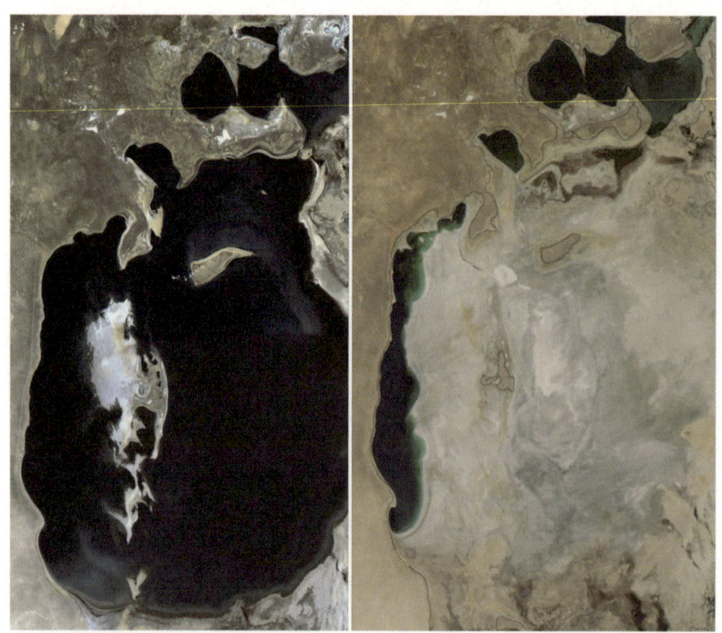

나사에서 촬영한 아랄해 변천 사진. 왼쪽이 1989년, 오른쪽이 2014년 모습이다.

물이 급격하게 줄어든 것이다. 아랄해가 시간이 지나면서 크기가 줄어든 사진을 살펴보면 자연환경이 저렇게 쉽게 바뀔 수 있다는 것에 놀라움을 금할 수 없다. 지금은 모래 언덕에 배가 박혀 있는 모습을 보고 과거에는 물이 많았던 곳임을 알 수 있다.

여러 나라를 거치는 긴 강의 상류에 거대한 댐을 건설하면 어떻게 될까? 이 경우는 중국의 샤오완댐이 말해 준다. 동남아의 여러 나라를 거치는 메콩강은 중국의 칭하이성에서 발원하여, 강의 절반은 중국을 지난다. 중국은 겨울철 물 부족을 해결한다고 세계에서 세 번째로 큰 샤오완댐을 건설했다. 이 때문에 메콩강의 수위는 낮아지고 있다. 미얀마, 라오스, 태국, 캄보디아, 베트남 등 동남아 국가들은 예전에는 물을 아무 걱정 없이 썼지만 이제 중국의 눈치를 봐야 하는 상태가 되었다. 그 외 나일강을 사이에 두고 이집트와 수단 그리고 우간다가, 요르단강을 두고 이스라엘과 요르단이, 유프라테스강을 두고 튀르키예와 시리아가 싸웠다. 물이 분쟁의 씨앗이 된 것이다.

『관을 짜는 아이』는 좀 분량이 긴 그림책이다. 단편 소설로 볼 수 있는 분량이다. 절판된 이 책을 구태여 선택한 이유는 물의 소중함을 이야기하는 동시에 물로 인한 국가 간의 분쟁까지 다루고 있기 때문이다.

이 작품으로 들어가기 전에 작품의 배경이 된 장소를 지도에서 함께 살펴보면 좋다. 작품의 배경이 된 곳은 아프리카 케냐 북부다. 케냐 북부에는 남북으로 길게 투르카나호가 있다. 이 호수는 아프리카 대륙의 동부 적도 지역에 있는 거대 호수로, 케냐의 국립 공원이며, 염분이 많이 함유되어 있고, 다양한 동식물이 서식한다. 고대 인류 발상지로 그 보존 가치가 커 1997년 유네스코 세계 유산으로 지정되었다. 이 호수를 중심으로 투르카나족이 넓게 퍼져 살고 있다. 그러나 지구 온난화의 영향으로 호수의 물이 점차 줄어들고 있어 염도가 높아지며, 비가 내리지 않는 시기가 늘어나 물 부족 현상이 심각해지는 지역이 되었다.

주인공 끼아레와 이꾸르 남매는 투르카나족이다. 어린 소녀 끼아레는 물을 잘못 먹어 배탈이 났는데도 자신이 키우는 염소

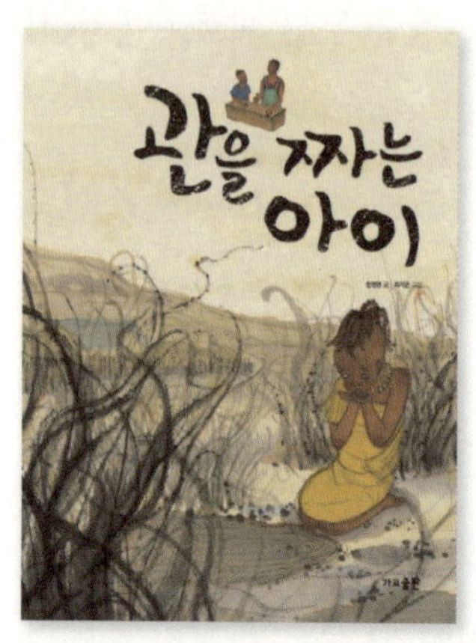

『관을 짜는 아이』

한정영 글, 최지은 그림, 가교출판, 2013

케냐 투르카나족의 끼아레 이야기다.
케냐가 사막화로 물이 부족해지자
우간다의 국경 지역에 있는 우물로
물을 구하러 간다.
우간다는 그 물을 케냐 사람들이
퍼 가지 못하도록 막는다.

꾼짜와 민짜에게 물을 먹여야 한다는 생각에 물을 구하러 가는 엄마를 따라나선다. 집 주변의 물웅덩이는 이미 말랐고 호수 밑바닥을 파 물이 고이면 그 물을 퍼다 먹는 실정이다. 그러다 보니 물웅덩이를 찾아 자꾸 우간다와 케냐의 국경 지대로 들어가게 된다. 우간다도 물 부족이 심각한 상태니 서로 민병대를 조직하여 함부로 물웅덩이를 파거나 웅덩이에서 물을 퍼 가지 못하도록 한다. 한쪽이 총을 쏘면 반대쪽이 대응 사격을 하니 전쟁터나 다름없다.

오빠 이꾸르는 키수무의 목공소에서 어린이 관을 짜는 일을 한다. 돈을 모아 6개월 전에 어린 염소 두 마리를 끼아레에게 보냈다. 끼아레가 학교에 갈 수 있는 비용을 이 염소가 마련해 줄 거다. 학교에 가고 싶은 끼아레는 열심히 염소를 돌본다. 염소가 커 가고, 끼아레가 학교에 갈 날이 다가오자 이꾸르는 학용품과 야자나무 묘목을 사 집으로 향한다.

물은 모든 생물의 생명수다. 물이 없어도 되는 생명체는 없다. 깨끗한 물을 구하지 못해 오염된 물을 마시다 보니 수인성 질환(콜레라, 장티푸스, 이질 등) 감염으로 목숨을 잃는다. 목수인 이꾸르가 주로 짜는 관은 바로 물이 원인이 되어 세상을 떠난 어린이의 관이다. 이꾸르는 눈물로 짠 관에 끼아레를 안치하며 어떤 마음이 들었을까? 동생의 관을 짜려고 배운 기술이 아닌데. 우리는 아무런 걱정 없이 사용하는 물인데, 누군가는 그 물에 목숨을 걸어야 한다.

점점 커지는 태풍

공기는 기온의 변화로 생기는 기압 차에 의하여 이동한다. 이 공기의 이동을 바람이라고 하는데, 태양 에너지와 지구 운동에 의하여 일정한 방향으로 분다. 우리나라에 불어오는 계절풍은 겨울엔 북서풍, 여름엔 남동풍이다.

여름철 적도 부근에서 발생하는 열대성 저기압인 태풍(허리케인, 사이클론 포함)은 태양과 지구의 운동, 바닷물과 공기가 만들어 내는 자연 현상이다. 태풍은 적도 지방의 따뜻한 공기와 바다의 습기가 만나 강한 바람과 비를 동반하며 북쪽으로 이동하는 현상으로, 더운 지방에 쌓인 에너지를 다른 지역으로 옮겨 지구 온도의 균형을 맞추는 역할을 한다. 또 큰 파도를 일으켜 바닷물을 골고루 섞어 바다 생태계를 건강하게 만든다. 태풍은 지구 생태계에 꼭 필요한 자연 현상이다.

태풍의 문제는 강한 바람과 많은 비를 품고 육지에 상륙하면서 사람들의 생활 환경을 무참하게 파괴한다는 것이다. 2022년 9월 6일 우리나라는 초대형 태풍 '힌남노'를 만났다. 태풍이 상륙한 지역은 완전 초토화되었다. 빠른 속도로 통과하는 상태였는데 파괴력은 어마어마했다. 같은 해 9월 19일 14호 태풍 난마돌이 일본에 상륙하자 우리나라 남해안은 간접 영향권에 들었

『내 이름은 태풍』

이지유 글, 김이랑 그림, 웅진주니어, 2015

열대성 저기압이 태풍으로 변하여 소멸하는 과정을 보여 주는 정보 그림책이다. 겁이 많은 형은 살던 곳을 떠나는 일, 사라지는 일이 두려워 동생에게 추월당한다. 형은 정말 멈춰 있을 수밖에 없을까?

다. 힌남노의 피해를 복구하지 않은 상태에서 다시 찾아온 태풍의 피해는 대단했다. 지구 온난화는 이렇게 사람의 사정을 봐주지 않고 슈퍼 태풍을 만들어 낸다.

태풍을 다룬 그림책들을 쌓아 놓고 살펴보니 고민스럽다. 정보 그림책 중에 그래도 스토리텔링이 가능한 것으로 고르니 『내 이름은 태풍』이다.

몇 년 전 이지유 작가의 강의에서 이 책의 탄생 배경을 들었다. 2012년 태풍 '볼라벤'과 '덴빈'이 우리나라에 상륙한 이야기이다. 태평양에서 열대성 저기압으로 먼저 생긴 덴빈이 나중에 생긴 볼라벤보다 늦게 우리나라에 상륙한 이야기를 형제 사이에 비유해서 만들었다. 태풍에 대한 과학적인 정보를 담으면서 호기심, 불안과 두려움에 떠는 형제의 심리적 이해 과정까지 아우르는 책으로 탄생했다.

'북태평양시 적도구 필리핀동 바다'가 바로 덴빈과 불라불라(볼라벤)가 태어난 곳이다. 엄마 태양이 높은 열을 '적도구 필리핀동 바다'로 보내자 따뜻해진 바다는 많은 수분을 증발시켜 소용돌이 구름을 형성한다. 이 구름이 바로 태풍이다. 수증기를 자꾸 빨아들여 거대해지면 바람과 함께 북쪽으로 이동한다. 육지에 강한 바람과 비를 쏟아 내면서 적도 지역의 뜨거운 에너지를 북쪽 지역에 전달한다. 태풍은 탄생에서 소멸까지 거치는 과정이 2주 정도 걸리며 '열 전달자' 역할에 충실하다는 것이다.

이 책에서는 그림이 의미 전달에 한몫을 담당하고 있다. 위성사진을 보는 듯한 그림이 있으며, 스토리텔링을 위해 화면 구성을 다채롭게 했다. 필요에 따라 만화 전개 방식으로 화면을 구성하고, 말풍선을 넣어 지루하지 않게, 자연스럽게 정보를 이해할 수 있도록 했다.

지구 온난화가 진행되고 있는 현시점으로 볼 때 바다가 날로 뜨거워져 증발하는 수증기의 양이 폭증할 수밖에 없다. 공기 중의 수증기가 뭉쳐 만들어 내는 태풍의 수는 예측할 수 없이 많아지고, 태풍의 위력도 거세진다는 점이 문제다. 태풍에 완벽하게 대비하는 데는 한계가 있다. 유리창에 테이프를 붙이고 제방을 손보고, 논에 물길을 낸다고 해결되는 것이 아니다.

태풍이 지나간 곳에 며칠 후 또 다른 태풍이 오지 않는다는 보장이 없다. 지구 온난화가 슈퍼 태풍을 만드는 원인이라면, 사람이 행동을 바꿔 온난화를 줄여야 자연 현상으로서 '태풍'이 된다.

안녕? 난 온대 기후 지역에서 사는 아이야. 난 너에게 미안한 점이 있어. 네가 그토록 좋아하는 학교도(나는 너만큼 좋아하지는 않아.) 못 가면서 물을 길어 오는데, 나는 매일 정수기로 편하게 마시며 시원하지 않으면 버려. 내가 편하게 마시는 물을 너는 애타게 찾는 게 정말 미안해. 앞으로 물을 아껴 쓰고 NGO 활동에도 열심히 참여할게. 지구가 더워지지 않도록 에너지를 절약할게. 너도 사막이 넓어지지 않도록 나무를 심으면 좋겠다. 그러면 지구는 조금씩 나아지겠지. (박*현)

생태 감수성 기르기

금주에는 교실에서 기르는 화분 바꾸기를 했다. 꺾꽂이로 심은 장미허브는 두 달 동안 교실에서 잘 자랐다. 한동안 변화가 보이지 않더니 예쁘게 위로 자란다. 아무래도 뿌리를 내리는 시간이 필요했을 것이다.

2차 식물 가꾸기는 꽃이 피는 스웨디시 아이비다. 지난 근무지 도서관에서 가지를 몇 개 가져다 물꽂이로 뿌리를 내린 후 화분에 옮겨 심었는데 보기 좋게 사방으로 퍼졌다. 4월 15일경 사방으로 퍼져 나간 줄기를 20여 개 잘라 물 꽂이 했다. 한 달 정도 지나니 제법 뿌리를 내렸다. 옮겨 심을 때가 됐다. 그동안 자신들이 물을 주고 가꿔 안정적으로 자란 상태의 화분을 챙기며 아이들은 얼굴이 환해진다. "잘 가꿀 수 있나요?", "물 얼마큼씩 언제 줘야 하는지도 알고 있나요?" 내 질문에 아이들은 씩씩하게 대답한다. 아마도 금요일에 등교하자마자 물을 주던 경험이 쌓였기 때문이리라.

목요일, 스웨디시 아이비를 심는 날이다. 이번에는 집게로 돗자리 여러 곳을 집어 가장자리를 세웠다. 지난번에 바닥에 흙을 많이 흘렸던 경험에 대한 보완 사항이다. 아이들은 아주 능숙하게 흙을 만지고 식물을 심었다. 지난번에는 내 손이 많이 가 사진 찍는 것도 잊었는데 이번에는 모둠별로 사진을 다 찍어 줄 수 있었다. 생명을 가꾸고 변화를 살펴보는 일은 생명의 소중함을 배우는 소중한 경험이다.

한 가지 더 준비했다. 인터넷을 활용하여 학습지에 정리하는 활동이다. 검색어를 '가상수'로 넣고 우리 음식 재료를 생산하는 데 든 물의 양을 알아보는 것과 '오염된 물을 정화하는 데 드는 물'을 검색하여 아이들이 직접 그 실상을 알아보도록 했다. 우리가 손을 씻고 마시는 물만 내가 사용한 물이 아님을 느끼게 하

고 싶었다

눈에 보이는 물만이 물이 아님을 누차 강조하며 평소 물을 어떻게 사용할 것인지, 식사할 때 나오는 음식물 쓰레기는 어떻게 할 것인지 등 아이들 수준에서 물과 관련된 생활 습관을 되돌아보는 시간을 통해 적당한 양의 물을 사용하는 습관을 들이길 다짐했다.

나는 이 조사 활동을 하고 나니 절대 음식을 남기지
말아야겠다는 생각이 들었다. 물이 없어지면 땅이 메마르고
환경 오염이 계속되면 우리가 사는 지구가 멸망할 수도
있기 때문이다. 나는 맨날 샤워할 때 "아, 추워. 조금만 더 따뜻한
물에 적시자!"라며 오랫동안 했다. 이제는 그러지 말고
빨리 끝내야겠다. 난 '가상수'의 '가' 자도 몰랐는데
이번 활동을 하고 나서야 뜻을 알게 되어 언니에게
자랑하고 싶다. 오늘 물이 얼마나 소중한지 알게 되어
내가 자랑스럽다.

(김*윤)

함께 읽어요

물을 주제로 한 그림책

- 『돌고 도는 소중한 물』(카린 아렐 글, 샤를 뒤테르트르 그림, 푸른숲, 2009)
- 『물싸움』(전미화 글·그림, 사계절, 2017)
- 『물웅덩이』(그레엄 베이스 글·그림, 킨더랜드, 2009)
- 『물의 하루』(마이테 라부디그 글·그림, 아름다운사람들, 2016)
- 『비 너머』(페르난도 빌렐라, 미셜 고르스키 글, 페르난도 빌렐라 그림, 스푼북, 2021)
- 『세상을 돌고 도는 놀라운 물의 여행』(맬컴 로즈 글, 숀 심스 그림, 사파리, 2016)
- 『싱크홀이 우리 집을 삼켰어요!』(김수희 글, 이경국 그림, 미래아이, 2019)
- 『오염물이 터졌다!』(송수혜 글·그림, 미세기, 2020)
- 『입 다문 수도꼭지』(손소영 글, 이영림 그림, 휴이넘, 2017)

태풍을 주제로 한 그림책

- 『비바람이 휘잉휘잉! 제주도에 태풍이 몰아친다면?』(최영준 글, 송진욱 그림, 살림어린이, 2017)
- 『작은 구름 이야기』(조해나 워그스태프 글, 줄리 매클로플린 그림, 키즈엠, 2019)
- 『태풍이 온다, 긴급 출동!』(박경화 글, 강전희 그림, 창비, 2014)
- 『태풍이 지나간 마을』(정소영 글, 라우라 오르솔리니 그림, 인북, 2021)
- 『태풍이 찾아온 날』(린다 애쉬먼 글, 유태은 그림, 창비, 2020)
- 『허리케인』(데이비드 위즈너 글·그림, 미래아이, 2022)

지구는 우리에게 말을 걸어요

최후의 독촉장

기후 위기를 말할 때 산불과 전염병 대유행(pandemic, 팬데믹)은 빼놓을 수 없는 주제다. 이들은 기후 위기와 밀접한 연결 고리를 가지고 있다. 그런데 1차 원고에서 이 주제를 뺐다. 내 마음에 흡족한 그림책을 만나지 못했기 때문이다. 지금도 그 생각에는 변함이 없지만 이 주제를 빼놓고 책을 마무리하는 게 마음에 걸렸다. 좋은 그림책이 추후 출판되리라 믿으며 글을 쓴다.

산불은 태풍처럼 순기능이 있다. 산불로 잡목이나 수풀이 정리되면 숲 생태계의 균형이 유지된다. 자연 산불로 풀과 나무의 개체 수가 조절되며 식물이 밀집되지 않아 화재 규모도 크지 않다. 그러나 불씨가 발견되는 즉시 진압하여 끄면 잡목과 풀이

제거될 기회를 잃고 쌓이기만 해, 나중에 산불이 났을 때 불쏘시개 역할을 하여 큰불로 번진다. 대형 산불을 미리 예방하려면 숲을 구획으로 나눠 생태계 균형을 이뤄야 하며, 주기적으로 잡목이나 덩굴 식물 등을 관리해야 한다.

우리는 2019년 9월 2일 호주 남동부에서 발생하여 2020년 2월 13일에 진화된 대규모 산불을 지켜봤다. 어떻게 산불이 5개월간 지속될 수 있을까? 기간 내 방화는 미미한 수준이라고 한다. 그렇다면 자연 발화 산불이라는 의미고, 번지는 산불을 막지 못해 계속 커졌다는 의미다. 이때 산불로 소실된 면적이 한반도의 85%라고 한다.

이 거대한 산불의 원인은 무엇이었을까? 기상학자들은 지구 온난화에 따른 인도양 쌍극(雙極) 현상일 것이라고 한다. 인도양 쌍극 현상은 인도양 동쪽과 서쪽의 해수의 온도 차가 심해져 수온이 낮은 인도양 동쪽은 가뭄을 겪고, 수온이 높은 인도양 서쪽인 동아프리카 지역은 많은 비가 내리는 현상이다. 평소라면 호주에 산불이 나도 비가 내려 꺼졌거나 사람이 진화해 꺼졌을 텐데 긴 가뭄으로 오랫동안 불길이 번진 것이다.

매년 되풀이되는 산불로 힘겨운 곳은 미국 캘리포니아 지역이다. 캘리포니아 지역은 지중해성 기후로 여름이 건기이고, 겨울이 우기다. 비가 적은 봄을 보내고 여름의 건기가 시작되어 이상 고온이 발생하면 풀들은 바짝 마른 상태가 되어 번개에 자연 발화가 되기도 하고, 사람의 부주의로 산불이 발생하기도 한다. 지구 온난화는 이례적인 폭염과 가뭄을 만들고 이런 지역에서는 작은 불씨가 큰 산불로 번진다. 심지어 9월에 발생한 산불을 진화하지 못해 겨울에 내리는 눈의 도움을 받기도 한다.

이런 큰 산불이 한번 닥치면 어떻게 될까? 오랫동안 미세먼지가 하늘을 덮고 재가 날려 먼 곳까지 피해가 발생하며 이산화탄소 배출량이 많아진다. 무엇보다 숲이 전소하여 목재가 소실되고, 생태계는 완전히 파괴되며, 토양의 미생물은 고온에 사라지고, 진화 작업 중 살포된 소화 약제에 의해 토양은 오염된다. 재가 내려앉은 물은 잿물이 되어 식수로 사용할 수 없으며 인근에 살던 사람들의 인명 피해와 재산 피해도 엄청나다. 산불의 피해는 한마디로 동식물의 서식지 파괴다. 앞선 두 사례에서 보이듯 매년 최악의 산불 원인은 안타깝게도 이상 기온이며, 지구 온난화다.

전염병 대유행은 코로나19로 경험했다. 우리가 경험한 전염병 대유행은 사실 코로나19가 처음이 아니다. 세계보건기구(WHO)가 지정한 범유행성 전염병은 '홍콩 독감, 신종플루, 코로나19'다. 대유행은 아니나 우리나라를 긴장하게 한 전염병으로 사스와 메르스도 있다. 이들 중 2000년 이후에 발생한 것은 2003년 사스, 2009년 신종플루, 2015년 메르스, 2020년 코로나19로, 20년 동안 4개의 전염병이 우리에게 다가왔다. 무엇보다 세계 대유행을 이끈 코로나19는 아직도 우리와 살고 있다.

바이러스의 종류는 다양하고, 많은 동물은 다양한 바이러스를 품고 산다. 이 바이러스가 동물 간, 사람 간, 동물과 사람 간에 이동하며 치명적인 상황을 만들어 낸다. 박쥐에게는 영향을 미치지 못하는 바이러스가 천산갑을 통해 인간에게 전달되며 기침, 발열, 호흡 곤란, 폐렴 등의 호흡기 증후군을 동반하는 대유행 전염병(코로나19)이 되었다. 박쥐, 천산갑 등은 어떻게 인간과 접촉하게 되었을까? 원인은 서식지 감소다. 인구 증가로 서식지를 인간에게 내주고, 지구 온난화로 살 만한 곳으로 이동하며 야생 동물과 인간의 접촉이 쉬워졌다. 인수 공통 감염병은 앞으로 종식되는 것이 아니라 더욱 빈번해질 것이라는 게 학자들의 공통된 의견이다. 지구 온난화는 기후대를 변화시킨다. 열대의 병원균을 지닌 생물이 온대 기후로 이동함으로써 말라리아, 뎅기열과 같은 전염병에 그대로 노출될 수 있다. 동토층이 녹으면서 얼어 있던 세균이 활성화하는 것도 대비해야 한다.

코로나19로 K-방역을 경험한 우리에게는 아마도 다음 감염병이 다가와도 묵묵히 이겨 낼 힘이 쌓였을 것이다. 우리가 챙겨야 할 건 환경이다. 인수 공통 감염병은 환경 파괴에서 비롯된다. 『에코데믹, 끝나지 않는 전염병』(마크 제롬 월터스 지음, 이한음 옮김, 책세상, 2020)에서는 인류가 자연환경과 생태계 질서를 파괴하여 생기는 전염병을 '에코데믹(eco-demic, 환경 감염병)'이라고 하는데 이를 피하는 방법은 자연환경의 보호와 유지라고 언급했다.

가뭄이 길어져 산불이 나고, 인수 공통 감염병이 우리에게 자주 다가오는 것은 지구가 우리에게 말을 거는 것이다. 힘들다고, 더는 버틸 힘이 없다고 호소하는 것이다. 세계 곳곳의 다양한 현상으로 인류에게 말을 거는데 인류는 역동적으로 움직이지 않는다. 정말 이제 우리가 지구의 호소를 들어야 할 때다.

희망으로

우리나라의 자연환경이 비교적 잘 보존된 곳은 강원도다. 그런데 해마다 봄이 되면 우리는 강원도 지역의 산불 소식을 접하게 된다. '봄 불은 도깨비불(여우불)'이라는 말이 있다. 작은 불이 잘 번지기도 하고, 꺼진 듯이 보이다 활활 타오르기도 해서다. 그만큼 봄철은 건조한 시기로 불조심을 해야 한다는 의미다. 우리나라 산불의 특징은 봄철, 부주의에 의한 경우가 많다는 점, 불씨가 보이면 즉각적으로 진화하는 시스템으로 발전했다는 점이다.

우리나라는 과거 전쟁으로 황폐할 대로 황폐한 땅이었는데 '식목일', '육림의 날'을 지정하며 나무 심기 정책을 펼쳐 '산림녹화'에 성공한 세계 유일의 나라라고 한다. 기후 위기에 나무가 많아 폭우에 그나마 피해가 이 정도라고 하는 주장이 있을 정도다. 산불 진화가 어려운 경우는 잡목이 많고 산기슭에 덩굴 식물이 많아 비집고 들어갈 수 없을 때라고 한다. 가뭄이 길어지면 덩굴 식물과 잡목은 그대로 마른 장작이 되어 불쏘시개 역할을 하여 대형 산불을 만든다.

『희망』은 2005년 4월 5일 양양에 발생한 산불을 배경으로 한다. 불씨가 바람을 타고 4차선 도로를 건너 낙산사까지 덮쳤다.

글 서사는 시처럼 단순하게 흐른다. 아름답고 평화로운 숲에서 동물들이 급하게 한 방향으로 달아난다. 작은 불씨가 나무를 타고 오르더니 삽시간에 온 산으로 번졌다. 괴물로 변한 불은 희망도, 삶의 터전도 잿빛투성이로 만들었다. 다음 해 봄, 잿더미 속에서 돋아난 새싹으로 다시 희망은 피어난다.

그림은 더 많은 구체적인 정보를 보여 준다. 벌과 다람쥐가 급히 달아나는 땅 위로 연기가 자욱해진다. 다음 장면에서 연기

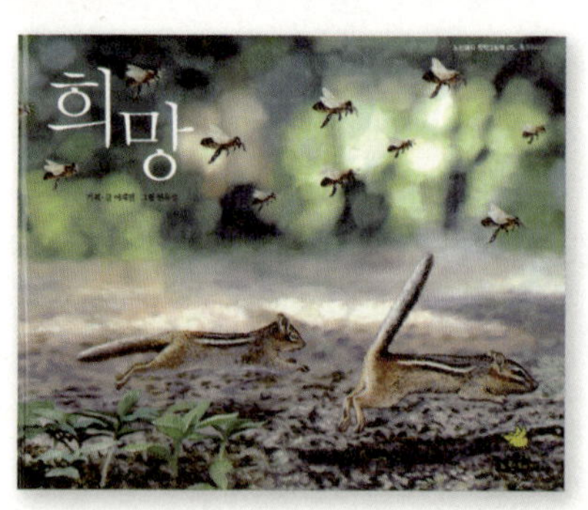

『희망』

이재민 글, 원유성 그림, 노란돼지, 2010

2005년 4월 5일, 양양 산불이 낙산사를 덮친 일을 소재로 하고 있다. 자연의 터전을 보전하는 일이 모두의 희망이라고 이야기한다.

는 짙어지고 작은 불씨가 점점 번져 산을 빨갛게 덮는다. 서사에 언급하지는 않으나 불이 산사를 덮치는 장면으로 독자는 '낙산사'임을 안다.

이 책으로 기후 위기와 산불을 연결하기는 무리다. 오히려 앞에서 말한 '2019-2020 호주 산불'이나 '캘리포니아 산불'로 이야기하는 게 기후 위기를 설명하기 쉽다. 온라인 자료나 유튜브 영상을 함께 보면서 지구 온난화로 인한 긴 가뭄 현상이 대형 산불의 원인이되며, 앞으로 이런 산불이 더 잦아질 것이라는 이야기로 마무리하면 좋겠다.

전염병 대유행과 관련해 선택한 그림책은 『그리고 사람들은 집에 머물렀습니다』다. 코로나19 때문에 거리두기로 집에 머무

『그리고 사람들은 집에 머물렀습니다』

키티 오메라 글,
스테파노 디 크리스토파로, 폴 페레다 그림,
이경혜 옮김, 최재천 해설, 책속물고기, 2021

전염병 대유행으로 인류가 동시에 사회적 거리두기를 할 때 무엇을 생각했는지, 어떤 일을 꿈꾸었는지 묻는다.

르며 그동안의 삶을 돌아보게 되고, 예전과 같은 삶을 되풀이하지 않기 위해 새로운 방식의 삶을 선택한다는 이야기다.

키티 오메라의 시 「그리고 사람들은 집에 머물렀습니다」가 SNS를 통해 전 세계로 퍼져 나가며 많은 이를 위로했다. 그 시가 나중에 그림 작가를 만나 그림책으로 탄생했다. 그냥 시만 읽어도 뭉클한데 그림과 함께 읽으면 담담하고 잔잔한 분위기에 반복하여 읽게 된다.

사람들은 집에 머물며 새로운 삶의 방식을 배우고, 서로의 말을 더욱 깊게 듣고, 자기 그림자가 와도 만나며 스스로 치유되었다. 다시 만난 일상에서 사람들은 새로운 선택을 하고, 새로운 꿈을 그리며, 새로운 삶의 방식을 만들어 지구가 깨끗하게 나을 수 있도록 했다. 정말 이 상황이 현실이 되길 빈다.

생태학자 최재천은 자연과 공생하는 인간으로 '호모 심비우스(homo symbious)'를 이야기하며 '생태 백신'이라는 해결책을 제시했다. 생태 백신은 바이러스에 직접적으로 작용하는 것은 아니지만, 생물 다양성으로 자연환경을 구축해 나가며 건강한 지구를 만들고, 건강한 인간 사회를 만드는 방식이다. 작가가 말하는 '새로운 선택'은 바로 아픈 지구가 회복 탄력성을 갖도록 생태 백신을 만들어 가는 일일 것이다.

생태 감수성 기르기

『희망』이 산불에 관한 이야기지만 서사는 기후 위기와 연결점이 없다. 책을 읽고 난 후 우리 반 아이들은 유튜브를 통하여 <2019-2020 호주 산불>, <캘리포니아 산불> 영상을 봤다. 과학 시간에 여러 동물에 대해 배운 우리 반 아이들은 동물이 겪는 고통을 보고 비명을 질렀다. 붉게 물든 하늘이 몇 달씩 이어지며 숲을 집어삼키는 것을 확인하고, 산불은 나무만 타는 것이 아님을 보며 안타까워했다.

산불은 우리 아이들에게는 먼 곳의 이야기다. 깊은 산속에서 일어난 일이라 일반인의 접근도 불가능하다. 산불의 진화에 예전에는 마을 사람들이 동원되었으나 요즘은 화재 진압 전문 인력이 투입된다. 이런 상황에 산불을 경계하는 마음을 어떻게 길러 줘야 할까?

우리 반 친구들은 불타는 나무에 공감하기보다는 동물이 불에 쓰러지는 걸 안타까워했다. 에코데믹은 방역에 적극적으로 협조하여 자신의 건강은 물론 주변 사람의 건강까지 보호한다는 수준으로 이야기하고, 생태 백신을 이루기 위해 환경을 훼손하는 '산불'을 주제로 포스터 그리기를 했다. 뒷면에 자신의 소감을 적었다.

지구 온난화는 폭염(暴炎), 폭한(暴寒), 폭우(暴雨)를 다양한 형태로 만든다. 산불과 관련된 것은 '폭염'이다. 2022년 여름, 세계 여러 곳에서 40도가 넘는 기온을 기록했다. 이 폭염이 긴 가뭄과 겹쳐진다면 산불의 발생은 아주 쉬워진다. 바짝 마른 식물에 작은 불씨가 붙으면 큰불로 번지는 건 순간이다. 우리나라는 봄철에 특히 더 건조하기 때문에 봄철 산불 주의가 필요하다.

우거진 잡목, 바싹 마른 풀, 얼기설기 감긴 칡나무 줄기, 가지치기해 쌓아 놓은 나뭇더미, 소나무 재선충 방제 처리(훈증 처리) 무더기 같은 것들은 산불 발생 시 불쏘시개가 된다. 결국 산불 예방은 불을 조심히 다루는 것과 수목 관리를 철저히 하는 것이다. 산도 농사를 짓듯 관리해야 한다. 임도를 내야 하고, 가지치기를 했다면 잔해를 산 밖으로 처리해야 한다. 어렵게 만든 푸른 숲을 제대로 잘 가꾸어 생물 다양성이 보존되는 곳으로 관리해야 한다.

함께 읽어요

산불

- 『산불은 왜 일어날까?』(테일러 모리슨 글·그림, 사계절, 2009)
- 『산불이 일어난 뒤에』(대니 포포비치 글·그림, 책속물고기, 2021)
- 『큰일 났어요, 산신령 할아버지!』(무돌 글·그림, 노란돼지, 2011)
- 『활~활 불이 있어요』(곽영직, 김은하 글, 한상언 그림, 웅진주니어, 2004)
- 『희망』(이재민 글, 원유성 그림, 노란돼지, 2010)

전염병

- 『그리고 사람들은 집에 머물렀습니다』(키티 오메라 글, 스테파노 디 크리스토파로, 폴 페레다 그림, 책속물고기, 2021)
- 『나쁜 바이러스야 꼼짝마!』(차이후이펀 글, 애니타 리우 그림, 아이노리, 2020)
- 『마스크 벗어도 돼?』(교육을 위한 여성 과학자 모임 글, 마리오나 톨로사 시스테레 그림, 그레이트, 2021)

지구의 주인들이 사라져요

인간만을 위한 지구는 없다

지구는 누구를 위한 곳인가?

인구가 늘면서 자연은 자꾸 인간에게 자리를 내줘야 했다. 인간은 더 살기 좋은 환경을 만들고자 자연에 손을 댔다. '개발'이라는 이름을 붙여 산, 강, 갯벌, 바다를 인간의 마음대로 손보려 했다. 그렇게 해도 되는 줄 알았고, 그렇게 하면 경제가 나아지며 더 편리한 생활을 할 수 있으리라 믿었다. 우리나라뿐만 아니라 세계 곳곳에서도 똑같은 일이 일어났다. 하지만 시간이 흐르면서 그것이 그렇게 지혜로운 시도가 아니었으며, 생태계를 무너뜨리는 과정이었다는 것을 알게 되었다. 인간의 오만함은 깊이 고민하지 않고 일을 벌이면 자연이 변화에 맞게 순응하리라 믿었다는 데 있었다. 인간은 자신이 자연을 지배하고 다스릴 수 있는 존재라고 믿었다. 하지만 자연은 회복 탄력성을 잃은 지

오래다. 급격하게 늘어나는 인구는 야생의 공간으로 삶의 영역을 넓혀 나가고, 야생의 삶을 유지하던 동식물은 살 곳을 잃어 떠나거나 지구상에서 사라질 수밖에 없었다.

비좁은 영토에 많은 인구가 살아가는 우리나라는 사실 지하자원도 풍족하지 않다. 대부분 인구는 도시에 집중되어 '아파트'라는 새로운 형태로 땅을 이용하기 시작했다. 도시로 집중되는 인구를 수용하기 위해 도시는 자꾸 넓어지고 주거 형태는 점점 고층으로 뻗어 하늘을 향해 자라는 것처럼 보인다.

인구 집중 현상은 사회학적으로 다양한 문제를 안고 있으며, 환경학적으로도 여러 문제를 품게 된다. 물 부족, 오수 증가 및 하수 처리, 쓰레기 증가, 자연 녹지 감소 등 서로 영향을 주고받으며 연결되는 복잡한 문제가 발생한다. 우리는 후손에게 빌려 쓰는 자연환경을 이렇게 훼손하며 살아가고 있다.

그동안 우리는 잘사는 나라의 외형을 따라잡는 것이 선진국에 이르는 길이라고 생각했다. '경제 성장'이 국가와 기업, 국민의 최고 목표였고, 개발은 경제 성장의 필수 요목이었다. 덕분에 국가는 빠르게 성장했고, 국민의 삶은 예전과 많이 달라졌으며 그에 따라 국토의 모습도 많이 변했다. 하지만 날로 심각해지는 빈부 격차를 보면 누구를 위한 '잘사는 나라'인지 생각하게 된다.

우리는 이제 '개발'만으로 모든 문제를 해결할 수 없음을 깨달았다. 한정된 땅을 '개발'하는 데는 한계가 있으며 급속한 경제 성장에도 문제가 있음을 알게 되었다. 2022년 2월, 낙동강 수문을 열면서 '4대강 개발 전쟁'이 다시 시작되었다고 언론은 보도했다. 강에 보를 설치해 강물은 갇혀 썩을 수밖에 없었고, 모래를 걷어 내어 수심을 깊게 하자 강물의 유속이 느려지고, 모래에 살던 온갖 미생물이 사라져 생명이 살 수 없는 강이 되어버렸다. 강물이 넘쳐 홍수가 일어나는 것을 막고 인간 생활의 편리를 이뤘으나, 강 생태계는 송두리째 무너져 내린 것이다.

자연을 인격체로 바라보는 관점이 필요하다. 살아 있는 생명은 사람이나 강이나 산이나 바다나 똑같다. 인격체, 생명체로 바라보면 인간 중심의 사고에서 벗어날 수 있다. 또 자연을 정치적 논리로 보거나 이용해서는 안 된다. 인간의 편리함만을 추구하는 것은 결국 환경 악화를 초래할 뿐이다. 인간만을 위한 지구는 없다.

우리나라 국토 개발에 따른 환경 그림책 주제로는 시화 방조제, 새만금 방조제, 4대강 개발 등이 있다. 그림책 내용은 모두 개발 정책 때문에 평화롭게 살고 있던 다른 생물의 환경을 파괴했다는 것이다. '개발은 무조건 멈춰야 한다!'라는 시선으로 아이들을 교육하는 것은 무리다. 자연의 상태로 놓아두는 것이 가장 좋지만 인구가 늘어나고, 그로 인한 문제를 해결하려면(교통 문제, 물 부족 문제, 홍수 문제, 생활의 편리 등등) 대책을 세워야 함은 물론이다. 그럼 어떻게 해야 할까? 우리는 임상적으로 '자연 친화적'이란 말을 사용하지만, 그 말의 과학적인 상황을 이해하고 설명할 수는 없다. 그리고 '자연 친화적'이란 말의 이용 범위가 너무 넓어 '자연 가까이', '자연처럼'으로 이해하고 만다. 자연 친화적인 시스템이 되기 위해서는 인간의 삶, 동식물의 삶이 역동적으로 섞여야 한다. 자연 친화적 삶을 꿈꾸며 나무 깔린 산책로, 나무 가까이의 생활 환경만 받아들이고 곤충이나 벌레는 가까이 오면 안 된다는 행동 방식은 자연 친화적이라고 말할 수 없다.

예전의 우리는 눈으로 보아 깔끔하고, 큼직하고, 좋아 보이면 다 좋은 것으로 생각했다. 그런데 환경의 중요성을 알게 되고 난 뒤에 우리의 개발을 돌아보니 자연과 인간이 공생하는 시스템으로 움직였다기보다는 인간의 편리로 진행되었음을 알게 되었다.

생명이 꿈틀대는 국토로

사회 수업 중 '개발이 중요한가, 환경 보전이 중요한가?' 가치 판단과 관련된 수업을 마친 다음에 『강물이 흘러가도록』을 읽고 마무리한다. 수업 전에 읽으면 판단을 강요한다는 생각이 들어 토론을 마친 다음에 읽는다. 이 그림책의 배경은 글 작가 제인 욜런의 고향으로, 쿼빈 마을 역사연구협회의 도움을 받고, 현장

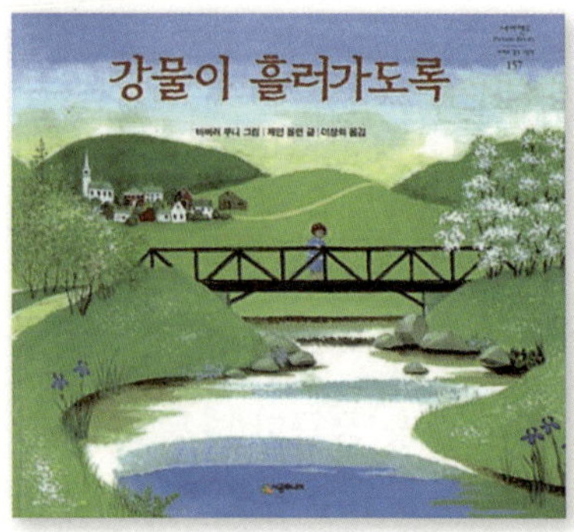

『강물이 흘러가도록』

제인 욜런 글, 바버러 쿠니 그림, 이상희 옮김, 시공주니어, 2004

제목에는 강물을 그대로 놓아야 한다는 작가의 주장이 강력하게 반영되었지만, 서사는 상수원 확보를 위해 호수를 만드는 과정을 객관적으로 보여 준다.

조사를 거쳐 완성되었다.

어느 날 깨끗한 강물이 흐르고 자연환경이 잘 보존된 아름다운 퀴빈 마을을 호수로 만든다는 계획이 발표된다. 마을에서 100km 떨어진 보스턴 사람들의 물 부족 문제를 해결하기 위해서다. 사람들은 공청회를 통하여 서로 의견을 나눈다. 마을 사람들은 살던 곳을 떠나고, 계곡을 막는 둑 공사를 한 후, 7년 동안 물을 가둬 커다란 상수원 호수를 만든다. 화자인 제인은 그 과정을 다 지켜본다. 주인공은 이 개발 공사에 대해 잘했다거나, 잘못했다 말하지 않는다. 단지 반딧불이를 놓아주라는 엄마의 말을 떠올릴 뿐이다.

『강물이 흘러가도록』은 다양한 관점에서 바라볼 수 있는 책이다. 제목처럼 '강물이 흘러가도록 해야 한다'라는 주장으로 읽을 수 있으며, 먹을 물이 부족한 도시 사람들을 위해 댐을 건설해야 한다는 주장으로도 읽을 수 있다. 공동의 문제가 발생하였을 때 어떻게 해결하는지 그 과정을 살필 수 있으며, 댐은 어떻게 건설되는지 건설 과정을 알 수도 있다. 그림책은 다양한 관점으로 볼 수 있어 열린 마음으로 수업을 진행해야 한다.

많은 환경운동가는 친환경 에너지로 다목적 댐을 건설하는 대수력 발전을 찬성하지 않는다. 비용과 시간이 많이 든다는 단점도 있지만, 유유히 흐르던 강물이 마을 몇 개를 삼킨 호수가 되면 이전의 생태계와 전혀 다른 생태계가 되기 때문이다. 또 기후학자들은 10년, 20년 뒤 기후가 어떻게 변할지 예상할 수 없어 다목적 댐 건설을 추천하지 않는다. 오히려 규모가 작은 소수력 발전을 권장한다. 가둬 놓은 물의 양이 많지 않아 전기 생산량은 적으나 환경을 훼손하지 않고, 비용도 많이 들지 않기 때문이다.

『잃어버린 갯벌 새만금』은 우리나라의 개발 사례를 다뤘다. 세계 최대의 방조제 건설로 갯벌이 어떻게 파괴되었는지 보여 주는 작품이다. 환경 사진을 찍어 온 사진작가 최영진의 작품으로 완성된 그림책이다. 최영진은 15년 동안 새만금의 상태를 사진으로 기록해 전시하며 환경 보전이 얼마나 중요한지 알렸다. 사진이 화면 가득 펼쳐지는데 사진만으로도 뭉클한 감동을 전해 준다.

『잃어버린 갯벌 새만금』

우현옥 글, 최영진 사진,
미래아이, 2017

사진에 이야기를 덧붙여 만든 환경 그림책. 넓적부리도요와 그를 기다리는 어느 작은 새의 시선으로 새만금의 이야기를 들려주고 있다.

화자는 어느 조그만 새다. 덩치가 작아 늘 주눅 들어 살고 있는데 어느 날 머나먼 길을 날아온 넓적부리도요새를 만나 친구가 된다. 새만금 방조제가 건설되면서 갯벌이 예전의 갯벌이 아닌 상태가 되자 이 도요새는 찾아오지 않는다. 화자인 작은 새는 친구가 그립다가도 친구가 돌아올까 걱정한다. 서사는 작은 새가 친구를 그리워하는 모습을 보여 주지만, 사진은 죽음의 땅이 되어 가는 과정을 담아내 서사보다 직설적인 방법으로 개발이 얼마나 자연을 훼손하는지 이야기한다.

예부터 만경평야와 김제평야를 합쳐 만금(萬金)이라 불렀다. '새만금'은 '만금'에 간척 사업으로 새로 생겨난 땅이란 의미다. 간척 사업이 진행된 곳은 만경강과 동진강이 만나 퇴적물이 쌓이면서 지구상에서 찾아보기 드문 천혜의 습지를 이룬 갯벌이다. 하루에 두 번 바닷물에 잠겼다가 드러나는 해안의 평탄한 땅인 갯벌은 수많은 해양 생물이 알을 낳고 자라도록 터전이 되기도 하고 어패류의 서식지가 되기도 한다. 갯벌 속에 엄청난 양의 미생물이 살며 유기물을 분해해(정화 작용) 해양 생태계를 유지하는 데 중요한 역할을 한다. 현재 어획량의 60%가 갯벌에서 생산되며, 농지보다 생태적 가치가 100배 이상 높은 곳이 갯벌이라고 한다. 서해안의 갯벌은 일 년에 평균 3~5mm 정도 쌓인다고 하는데 이렇게 추정해 보면 우리나라 서해안 갯벌은 8,000년 정도 차곡차곡 쌓여 오늘의 상태에 이르렀다고 할 수 있다.

1991년에 시작된 새만금 공사는 지역 주민과 시민 단체들의 반대가 심했지만, 공사를 진행하라는 대법원의 판결에 2006년 물막이 공사를 끝으로 종료된다. 15년 동안 기록하듯이 사진을 찍어 온 최영진 작가는 'The Lost Sea(잃어버린 바다)'라는 주제로 사진전을 열고 이 사진전의 작품으로 그림책을 완성했다.

우리 반 아이들은 이 책을 읽고 갯벌이 이렇게 중요한 역할을 하는데, 왜 반대를 무릅쓰고 개발했는지 의아하게 생각했다. 다른 나라에서는 갯벌을 보호하기 위해 공원으로 지정하고 개발하지 못하도록 막는다고 하니 더 안타까워했다. 정책을 수립하는 사람들은 그들 나름대로 경제적 가치를 따지며 추진했겠지만, 환경의 가치가 높아진 오늘날의 관점으로는 아이들에게 명

쾌하게 설명할 수 없는 공사였다. 또 아이들은 갯벌이 바닷물을 만나야 자신의 역할을 다하게 된다는 사실에 놀라워했다. 바닷물이 들어왔다 나갔을 뿐인데 그 일로 수많은 생명이 살아가는 에너지를 얻는다는 것이 놀라운 일이라고 했다.

우리는 자연을 너무 피상적으로 바라보는 시선을 바꿔야 할 것 같다. 아주 사소한 일에서부터 중요한 일까지 전후, 좌우, 과거와 미래까지 살펴보고 고민하며 시스템 사고를 하는 사람으로 변해야 할 것 같다. 그르치고 난 후에 후회해 봐야 소용없다.

몇 해 전 겨울, 전라도를 여행하던 중 일부러 새만금을 향했다. 끝이 보이지 않는 방조제 도로는 차량이 없어 텅 빈 느낌이었다. 급한 것 없으니 천천히 가자고 하면서 양옆을 두리번거리며 살펴보았다. 바다는 여느 바다와 같은 모습이었고, 반대쪽은 텅 빈 허허벌판이었다. 허무한 생각이 들었다. 그렇게 반대를 무릅쓰고 건설했는데 세월이 지나도 허허벌판이라니. 방조제를 빠져나와 차를 세우고 지나온 길을 되돌아봤다. 까마득하고 황량하다는 느낌만 가득했다.

“어때요? 책을 읽고 난 지금 어떤 생각이 드나요?”

한 아이가 들려준 이야기가 오래 가슴이 남았다.

“저는 천천히 하는 것이 필요할 것 같아요.”

“좀 설명해 줄래요? 왜 천천히 해야 하는지.”

“천천히 개발하면서 환경을 살펴보다, 아니다 싶으면 수정할 수 있도록요."

"공사 기간이 너무 길어지면 힘들어하는 사람도 있을 것 같은데요."

"그렇지만 자연환경을 훼손하지 않으며 개발하려면 그래도 천천히 하는 것이 맞을 것 같아요. 자연이 힘들지 않도록요."

"자연을 사랑하는 마음이 개발보다 중요하다고 여기는 사람이 늘어나야겠네요. 이 말을 바꿔 말하면 내가 불편해도 참을 줄 알아야 한다는 것과 같아요. 터널이 뚫리지 않으면 빙 돌아가야 하니까요."

고학년과 그림책을 읽고 이야기를 나누어도, 저학년과 그림책을 읽고 이야기를 나누어도 모두 같은 말들이 나왔다. 바로 그곳에서 살다 떠날 수밖에 없었던 '생명체에 대한 미안함'이었다. 앞서 읽었던 『GREEN: 숲 이야기』에서 숲의 주인은 인간이 아니라 호랑이로, 그 영역을 침범한 존재는 인간인데 오히려 호랑이를 멸종시켰다는 내용을 떠올리며, 새만금 갯벌의 주인은 누구인가 생각했다. 그 갯벌에서 살아가는 생명체들이 그 땅의 주인이다. 우린 갯벌인 채로 있어도 수확물을 얻어 내는데, 길을 내고, 물길을 막았다.

생태 감수성 기르기

'개발은 필요한가?'라는 주제로 토론하는 것도 좋지만 그냥 생각을 자유롭게 이야기해 봐도 좋다. 어떤 결론에 도달해야 한다는 마음 없이 자연의 입장에서 '개발'이 어떤지 생각하는 시간이 됐으면 좋겠다. 기온 변화에 적응하기보다는 원하는 온도를 만들려 하고, '빨리'와 '편하게'에 익숙해진 우리는 자동차, 엘리베이터 등을 당연한 것으로 여긴다. 생태 감수성은 지속 가능한 지구를 위해 편리함을 포기해야 하는, 발전과 성장의 가치를 내려놓아야 하는 상황이다. 이것은 한순간에 실천이 가능한 일이 아니다. 머리에 새기고, 마음에 새기며 불편함을 참을 때 가능한 일이다.

심각함을 안다는 것, 불편함을 감수하면서 올바른 정의를 실천한다는 것은 대단한 일이다. 이 작은 마음가짐을 하나하나 칭찬하며 자부심을 심어 줘야 한다. 아이 말을 귀 기울여 들어주고 부모로서 응원하며 동참하는 것이 실질적 생태 전환 교육이다.

우리 반 친구들과 인간 때문에 어려움을 겪은 생명체의 입장을 생각하며 이야기를 나눠 보았다. 동물이든 식물이든 편안하게 살던 곳에서 살 수 없게 된다면 어떻게 할까? 아이들은 그대로 죽을 수 없으니 어떻게든 살려고, 살 만한 곳으로 이동한다고 했다. 이동할 수 없거나, 이동할 곳이 없다면 어떻게 할 거냐는 질문에는 막막해했다. 살아갈 방법을 찾지 못하고 조여 오는 죽음의 세력을 보고 있는 생명체들의 심정을 우리가 100% 공감

할 수는 없지만, 절망적일 것이라고 짐작했다. 『잃어버린 갯벌 새만금』의 면지에서 보여 주는, 갯벌에서 사는 갯벌 가족의 이름을 하나하나 불러 보고 칠판에 적어 갔다. 새만금 갯벌에 '백합' 조개가 얼마나 있었으며, 개발 사업으로 죽은 백합 조개의 수는 얼마나 될까? 각각의 생명마다 그 개체 수를 생각하니 칠판에 적어 놓은 이름도 많다고 여길 만한 것이 아니라는 생각이 들었다.

아이들은 편지로 미안한 마음을 표현하는 시간을 가졌다. 우리가 편리한 생활을 하는 데는 누군가의, 무엇인가의 희생이 있었음을 알게 되었다. 편리하게 누리는 일상을 더욱 감사하게 되었다.

함께 읽어요

- 『갯벌이 좋아요』(유애로 글·그림, 보림, 2006)
- 『나무가 사라진 나라』(후지 마치코 글, 고바 요코 그림, 계수나무, 2017)
- 『산이 화가 났어요』(첸요링 글·그림, 키즈엠, 2019)
- 『숲 속 동물들이 사라졌어요』(황보연 글, 윤봉선 그림, 웅진주니어, 2015)
- 『시화호의 기적』(김정희 글, 윤정미 그림, 사계절, 2018)
- 『엄마가 미안해』(이철환 글, 김형근 그림, 미래아이, 2020)
- 『위대한 강』(프레데릭 백 글·그림, 두레아이들, 2006)
- 『초록 강물을 떠나며』(유다정 글, 이명애 그림, 미래아이, 2020)

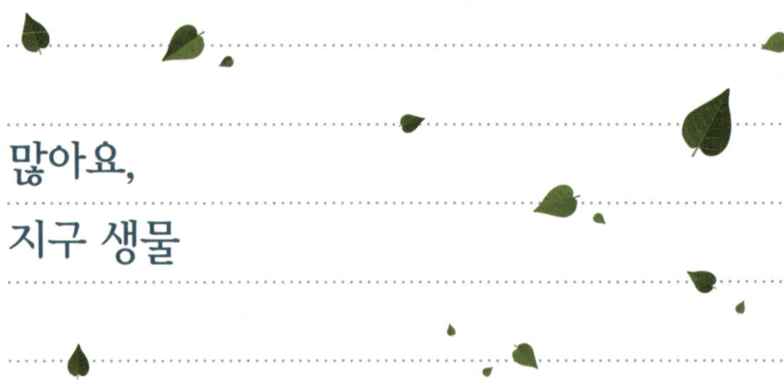

많아요, 지구 생물

달라서 좋고, 다양해야 좋아요

우리는 많은 생명을 접하면서 살아가지만, 그들을 알고 긍정적인 관계를 형성하는 것은 아니다. '달라서 좋고, 다양해서 좋다'고 말하면서 친구 사이에 성격이 다르면 '이상한 아이' 취급하며 거리를 둔다. 주변 사람과 맺는 관계에서도 삐끗하기 일쑤인 우리가 피부색이 다르고 언어와 풍습이 다른 이들에게 관대한 눈길을 보내며 마음 열어 받아들이기는 쉽지 않다. 그렇다면 사람이 아닌 야생 동물에게는? 눈에 잘 보이지도 않는 미생물들에게는? 농작물을 해치는 곤충에게는?

생명은 촘촘한 그물처럼 서로 긴밀하게 연결되어 있다. 생산자와 소비자도 먹고 먹히는 살벌한 관계로만 계속 이어지는 것이 아니라 먹은 대신 거름을 주고, 씨앗을 퍼뜨려 준다는 암묵적인 공생 관계가 성립되어 있다. 불교에서는 이 생명 그물을 '인드라망'이라고 한다. 모든 생명이 연결되어 있으며, 그물 마디마디에 구슬이 매달려 서로의 모습을 비춘다고 한다. '나만'이라는 독선적 시선이 아니라 상대를 비추고 바라보며 상생을 만들어 간다는 의미다. 자연계는 독자적인 것이 없고 긴밀하게 연결되며, 유기적으로 의지하며 살아간다.

식물이 자리 잡고 열심히 광합성으로 양분을 만들어 스스로 성장하며 주변 다른 동물에게 먹이를 제공하다 삶이 다하여 쓰러지고 나면, 온갖 곰팡이와 미생물이 달려들어 자신의 생명을 유지하고 식물은 다시 흙으로 돌아가 다른 생명을 키운다. 스스로 양분을 만들지 못하고 빼앗아 먹는 존재라고 해서 죽어 마땅한 것이 아니다. 모두는 그 나름의 역할을 담당하며 생명 그물의 한 축을 이루고 있을 뿐이다.

현재 우리가 모든 생물을 다 알고 있는 것은 아니다. 지금도 학자들에 의해 미발견종이 학계에 보고되고 있다. 인간이 찾아가기 어려운 극지, 예를 들면 활화산 지역, 사막 지역, 빙하 지역, 깊은 바다 등 탐사가 여의치 않은 장소가 있어서, 우리가 알고 있는 종이 전부라고 확신할 수 없다. 반면에 이미 우리 곁에 머물고 있던 생물이 어느 순간에 사라진 일도 이루 헤아릴 수 없을 정도로 많다.

생물 다양성은 생물 종의 다양성을 말하고, 생물이 서식하는 생태계의 다양성을 말하며, 같은 종이라도 다양한 유전 정보(DNA)를 가지고 있는 유전자 다양성을 의미한다. 다양한 유전 정보를 가지고 있지 않으면 기후 변화에 취약하여 멸종되기 쉬운 생물이 된다. 흔히 은행나무를 지구상에 약 2억 년 이상 존재해 온 '살아 있는 화석'이라고 부른다. 어떻게 딱 한 종인 은행나무가 그 빙하기를 견디고 삶을 유지할 수 있었을까? 그 신비의 비밀은 유전 정보에 있다. 은행나무는 암수딴그루로 애당초 자신의 꽃가루로 수정할 수 없는 존재다. 반드시 딴 나무의 꽃가루를 받아들이게 되어 있으며, 풍매화인 은행나무는 바람이 전해 주는 대로 받을 수밖에 없다. 바람이 휙 불면 주변 모든 수나무의 꽃가루가 날린다. 암나무는 가리지 않고 받아들인다. 결국, 한 암나무에 매달린 은행의 유전 정보는 각기 다르다. 이렇게 다양한 유전 정보를 가진 은행나무는 혹독한 기후 변화도 거뜬히 이겨 낼 수 있었던 거다.

우린 생물 다양성을 다양한 각도로 바라봐야 한다. 인간만을 위한 지구는 없고, 인간만 살아갈 방법 또한 없다는 것을 알아야 마음에 공생의 가치가 자리 잡는다. 인류의 코앞에 닥친 멸종 위기종의 문제를 우선 해결하려 팔 걷어붙여야 한다. 위급한 순서로 몇 종만 살펴본다면, 1위 검은코뿔소, 2위 우파루파, 3위 외뿔고래, 4위 난쟁이하마, 5위 자이언트판다다. 코뿔소와 외뿔고래는 뿔 때문에 수난을 당하고, 우파루파는 복제 능력이 있음에도 서식지가 파괴되어 멸종 위기를 맞았다. 난쟁이하마는 물에 들어가지 않는 하마인데 인간의 사냥물이 되었으며, 판다는 개발로 인해 대나무 숲이 사라져 먹을 것이 없어지자 위기종이 되었다. 멸종 위기의 원인은 인간의 행동 때문이다. 인간의 행동으로 삶을 이어 가지 못하는 생물이 이것만이 아님을 우리는 잘 알고 있다. 이 위기의 생물을 모르는 척하며 '생명 다양성'을 외치는 것은 위선이다.

우리나라는 지리산 반달곰 복원에 노력을 많이 하고 있다. 유전자 복제나 인공 수정으로 반달곰의 개체 수를 늘려 지리산에 풀어놓는 것은 복원이 아니다. 실질적 복원은 그 반달곰이 인간의 간섭 없이 그들의 삶을 유지할 수 있을 때 비로소 이뤄진다. 그러려면 서식지에 반달곰의 먹이가 많아야 하고(도토리 등의 열매, 꿀벌 등의 곤충, 물고기 등의 어류, 노루 등의 포유류), 그 먹이가 많아지려면 그 먹이가 좋아하는 것 또한 늘어나야 한다. 반달곰이 인간의 간섭 없이 잘 산다면 그것은 생태계 전반이 살아났다는 의미다. 이렇게 생태계가 안정을 찾아야 반달곰 복원사업이 성공한 것이다.

모두가 어우러져 살아가는 곳, 지구

지구가 생명이 살아가는 곳이 될 수 있었던 것은 여러 가지 요인에 의해서다. 과학자들은 물과 대기와 열이 있어 가능한 일이

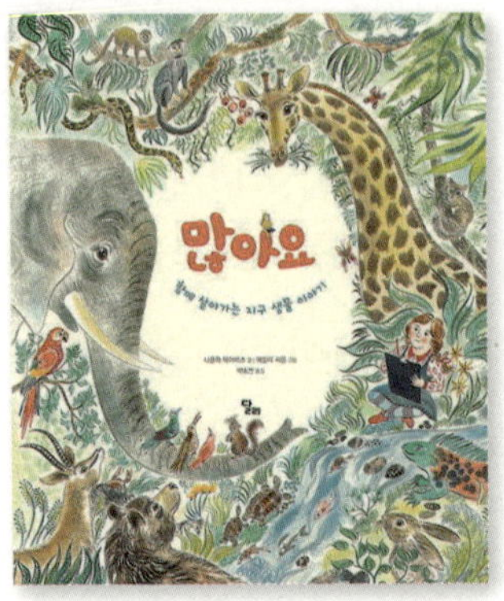

『많아요』

니콜라 데이비스 글, 에밀리 서튼 그림, 박소연 옮김, 달리, 2018

동식물은 물론 미생물을 포함하여 생물의 다양성이 중요함을 이야기하는 그림책. 지구 곳곳에는 생명이 존재하고 새로이 발견되는 종도, 멸종되는 종도 있음을 이야기하며 인간도 자연의 한 부분임을 생각하게 한다.

었을 것으로 본다. 단세포로 출발한 생명체는 환경에 적응하며 진화하였고, 오늘에 이르렀다.

『많아요』는 생태계의 가족이 아주 많다는 내용으로 동물, 식물뿐만 아니라 미생물까지도 소중한 존재라고 한다. 특히 이들이 긴밀하게 연결된 점을 강조한다. 독자적으로 생존하는 생물은 없으며, 하찮아 보이는 모든 생명도 공평하게 생태계의 주체를 이루는 존재라고 이야기한다. 생물 하나하나가 모여 아름답고 커다란 자연을 이루며, 모두가 없어서는 안 될 존재라며 책은 한 발 더 나아간다. 인간의 활동 때문에 사라지는 동물을 언급하며 '사람도 자연을 이루는 한 존재로, 지구에 사는 생물의 종류가 적어지면 사람도 살 수 없다.'라고 마무리한다.

자연을 훼손하는 인간 활동으로는 공장식 농장, 산업 시설인

공장의 증가, 소비 확대로 늘어나는 쓰레기, 쌍끌이 조업, 파괴되는 숲의 모습을 보여 준다. 인간이 만든 쓰레기가 오염 가득한 지구를 만들었으며, 그 결과로 멸종 동물이 생겼다. 한 바닥의 화면에 멸종 동물을 다 담을 수 없어 고민하였을 것이다.

인간의 활동 장면을 그린 부분에서 할 말을 잃었다. 작게, 상징적인 장면을 그렸다고 생각했는데 바라볼수록 그림에는 많은 이야기가 담겨 있었다. 공장식 농업이 이뤄지는 장면을 보고는 그 작은 그림의 말소리가 들리는 듯했다. 처음에는 꽃이 핀 나뭇가지에 소녀가 앉아서 바라보는 장면이라 생각했는데, 자세히 보니 기계가 한 번에 밭고랑 열네 줄에 농약을 뿌리고 있었다. 꽃에 다가가려던 벌은 그 자리에서 죽어 떨어지며, 대기는 뿌연 농약으로 가득 찼다.

공장이 증가하는 부분의 그림도 크게 확대하여 아이들과 이야기를 나눴다. 공장은 소비를 권장하는 물건을 하염없이 만들어 낸다. 물건을 생산하는 기계가 돌아가며 에너지를 소비하고, 이산화탄소를 비롯한 매연이 방출되고, 오수가 흘러넘치게 했다. 공장 주변은 소비가 불러온 쓰레기로 가득하다. 어떻게 서사만 읽고 훌쩍 넘기겠는가? 그림 작가가 고심한 흔적이 마음 아프게 다가왔다.

아이들은 그림이 아름다워 편안한 마음으로 감상하다가 불편한 장면이 나오자 자세를 바로잡더니, 멸종 동물을 보여 주는 장면에 이르자 우르르 앞으로 나왔다. 우리 때문에 사라진 동물의 모습이 보고 싶었던 것이리라. 난 가만히 잘 볼 수 있도록 화면을 펼쳐 들어 줬다.

다른 그림책으로 『내 친구 지구』를 살펴보려 한다. 대지의 여신처럼 의인화된 지구의 머리에서는 다양한 나무가 자라고 그녀의 주변에서는 다양한 생물이 행복한 삶을 누린다. 사각형의 책이지만, 안으로 들어가면 지구의 다양한 모습처럼 정형화되지 않은 다채로운 화면을 만난다. 화면은 부드러운 곡선으로 처리하여 모나지 않고 포용적인 지구의 성격을 반영한다.

내용은 지구가 사계절이 흐르는 동안 온갖 생명을 보살피는 과정이다. 아주 작은 씨앗에서 커다란 침팬지까지, 작은 크릴새

『내 친구 지구』

패트리샤 매클라클랜 글, 프란체스카 산나 그림, 김지은 옮김, 미디어창비, 2020

거대한 행성 지구를 의인화하여 이해를 돕는 그림책이다. 보살피고 가꾸는 지구의 아름다운 모습이 언제까지 유지될지 생각하게 된다.

우에서 커다란 고래까지, 초원, 툰드라를 지나 거대한 바다까지 보살핀다. 또 지구는 엄청난 물과 바람으로 한바탕 시련을 안겨 주기도 하지만 걱정할 일은 아니다. 지구는 땅을 말려 주고, 바람 또한 잠재울 것이기 때문이다. 이렇게 지구는 생명이 살아가는 데 더없이 좋은 곳이고, 나름의 규칙과 질서가 유지되는 아름다운 곳이라고 이야기한다.

그런데 다 읽고 나면 마음이 불편해진다. 작가들은 어느 한 곳에서도 불편한 이야기를 하지 않았지만 우리가 이 지구의 규칙과 질서를 파괴하였으며, 사계절의 흐름이 예전과 같지 않음을 알고 있기 때문이다. 지구는 생물 다양성이 유지되고, 공생의 가치를 따르는 환경을 포용의 마음으로 살펴 주고 있었는데, 200여 년 전부터 인간은 눈앞의 이익만을 따르며 자연의 질서를 무너뜨렸다. 그래서 읽고 나면 '이 아름다운 지구를 어떻게 하지? 나는 지구를 위해 무엇을 해야 하지?'라는 깊은 질문을 하게 된다.

그림이 아주 독특하다. 전체 화면에 등장하는 물결무늬 곡선, 굽이굽이 등장하는 산등성이, 동물들의 신체로 만들어 내는 곡선을 만나게 된다. 우리나라의 전통화에 등장하는 구름무늬와 파도, 바다 무늬를 떠올릴 정도로 그림 작가는 곡선을 반복적으로 사용했다. 화면의 종이도 그 곡선의 형태로 위와 아래에서 다양하게 자르기를 반복한다. 전통화와 다른 점은 그 곡선 하나

하나가 모두 다르다는 것이다. 굽이굽이 겹쳐진 산등성이를 보면 색상이 비슷하지만 같은 색이 없다. 무엇을 표현하고자 했을까? 자세히 보면 그 반원마다 붓질의 방향이 다르고 무늬가 다르다. 바로 '다양성'이다. 곳곳의 식생이 다르니 같게 처리할 수 없었으리라.

곡선을 선택하여 지구를 표현한 데는 분명한 이유가 있었을 것이다. 곡선은 자유로움과 역동성, 무엇인가 번져 나가는 파장이 느껴지는 선이다. 이 선을 반복적으로 겹쳐 사용했다는 것은 분명한 메시지를 담고 있다. 지구의 흐름을 인간이 강제로 막으면 안 된다는 의미이다.

이 그림책을 함께 보는 수업은 대지의 여신 같고, 어머니 같은 지구를 느끼는 시간으로 진행했다. 아이들은 내가 처음에 느꼈던 불편감을 그대로 느꼈다. 마지막으로 임옥상 화백의 <대지-어머니> 작품을 함께 감상했다. 흙으로 빚어진 <대지-어머니>의 모습은 앞서 읽은 그림책에서 본 대지의 모습과 대조적이다. 늙은 어머니의 모습으로 기운이 다 빠져 얼마나 버틸지 걱정스러운 모습이다. 아이들은 현재 지구의 상태가 오히려 이 작품과 어울린다고 했다. 아름다운 행성 지구가 자꾸 아프다는 사실을 아이들도 잘 알고 있었다.

생태 감수성 기르기

집 안에 파리 한 마리나 모기 한 마리가 들어왔다면 우리는 어떻게 하는지 돌이켜 생각해 보았다. 그 한 마리를 가족 누군가가 잡아야 불안에서 벗어날 것 같다. 하지만 시골에서 자랄 때 우리는 파리와 거의 같이 살다시피 했다. 마당가에는 가축을 기르는 축사가 있었고, 화장실도 있었고, 두엄 더미도 있었다. 창에는 방충망이 없었고, 모기의 공격을 피하려 녹색의 모기장을 치고 자는 수밖에 없었던 시절을 지나왔다. 파리와 모기의 수는 확 줄었음에도 우리는 그 한 마리를 감당해 낼 여유가 없다. 아이들에게 물어보니 어떤 벌레든 한 마리가 집 안에서 발견되면 그 한 마리를 잡기 위해 소란이 이어진다고 한다.

'해충'이란 이름은 누가 명명한 것인가 생각해야 한다. 지구의 입장에서는 모두 소중한 생명일 뿐이다. 우리는 앞서 이미 두 권의 책으로 지구는 차별하지 않고 생명을 평등하게 대한다는 것을 보았다. 우리는 지구의 마음을 갖지 못하겠지만 우리의 생각이 '인간 중심'이 되어서는 안 된다는 걸 알아야 한다. 종평등주의(種平等主義), 반종차별주의(反種差別主意)로 가야 한다는 주장은 이제 낯선 이야기가 아니다. 인간만의 지구는 없으며 모든 생명이 함께 가야 인간도 살아날 수 있다는 생각이 뿌리 깊게 내려야 한다.

우리는 언제나 어떤 일을 처음 접하면 가볍게 여긴다. 손가락에 통증이 생기면 '나이 들어서 그러겠지'라며 무심히 지난다. 처음 통증은 금방 사라져 더 방심하게 된다. 통증이 계속되면 병원을 찾게 되는데 그때는 이미 큰 병으로 발전하고 난 뒤라 손쓸 수 없는 통제 불능의 상태가 되기도 한다. 자연은 어떨까? 인간이 처음 자연을 훼손했을 때 자연은 스스로 회복 능력을 보여 줬다. 그러자 인간은 자연의 회복력을 철석같이 믿고 자연을 이용하는 데만 신경 썼다. 곳곳에서 기상 이변을 보여 줄 때도 사람들은 충분히 이를 극복할 수 있다고 믿었다. 그러는 사이 지구는 통제 불능의 상태에 이르렀다. "괜찮아! 조금 쉬면 나아질 거야!"라고 장담하던 인간들도 이제는 정말 손쓰지 않으면 안 될 순간이라는 것을 깨닫게 되었다.

작은 일일 때 손을 쓰면 적은 노력으로 해결할 수 있지만, 이를 그대로 두면 큰일이 일어난다는 것을 알아야 한다. 특히 아이들이 지구가 막바지 위기임을 어떻게 피부로 느끼도록 할 것인가 고민했다. 또 걷잡을 수 없는 상태는 방심한 순간에 온다는 것을 어떻게 설명할지 고민하다 최재천 교수의 강의에서 들은, 매일 전날의 두 배로 늘어나는 바이러스 이야기가 떠올랐다. 그래서 120칸 사각형 표를 만들어 색칠하는 활동을 했다. 우선 첫날 1개로 시작한 바이러스가 다음 날에는 전날의 두 배로 되는 것을 10일이 될 때까지 계산했다. 1, 2, 4, 8, 16, 32, 64, 128, 256, 512. 11일이 되는 날은 1024가 된다. 흔적을 찾기도 어려운 작은 것이 걷잡을 수 없이 늘어나며 "반쯤 덮었으니 시간이 충분할 거야." 했다가 다음 날 다 채워지는 것을 보면 손쓸 수 있는 시간이 정말 없음을, 절박함을 느끼게 될 것이다.

아이들은 열흘까지 수 계산을 해 놓고 난 다음에 서로 다른 색연필을 사용하여 색칠해 나갔다. 5일 정도는 즐거운 마음으로 하더니 120칸이 모자란 상황이 되자 당황했다. 120칸을 다 채워 나가는 것이 순식간의 일임을 경험하고는 아이들도 지구를 위한 행동을 미룰 수 없다는 것을 알게 되었다.

함께 읽어요

- 『나무가 자라요』(에밀리 바스트 글·그림, 키즈엠, 2012)
- 『모두가 잠든 밤에』(브리타 테큰트럽 글·그림, 창비, 2017)
- 『생명과 손잡기』(마틸드 파리 글, 마리옹 티그레아 그림, 주니어RHK, 2022)
- 『세상에서 코끼리가 사라진다면?』(이한음 글, 김병호 그림, 웅진주니어, 2014)
- 『씨앗은 어디로 갔을까?』(루스 브라운 글·그림, 주니어RHK, 2014)
- 『아주 작은 씨앗』(잰 캐론 글, 로버트 갠트 스틸 그림, 느림보, 2005)
- 『우리는 여기에 있어』(M. H. 클라크 글, 이자벨 아르스노 그림, 봄의정원, 2017)
- 『정글』(미아 카사니 글, 마르코스 나바로 그림, 풀빛, 2019)
- 『초원』(우미정 글·그림, 책고래, 2018)
- 『터널』(헤게 시리 글, 마리 칸스타 욘센 그림, 책빛, 2019)
- 『Let's Go 열대우림』(티머시 내프먼 글, 웨슬리 로빈슨 그림, 보림, 2022)

이대로 괜찮을까?

꿀벌을 살려야 한다

2022년 4월 24일자 한 일간지에 <78억 마리 꿀벌 실종 미스터리… "인간 때문이다" 전문가의 경고>라는 기사가 올라왔다. 기사는 "꿀벌이 지구상에서 사라지면, 인류는 4년밖에 살아남지 못한다"라는 모리스 마테를링크의 상징적인 가설(『꿀벌의 생활』, 1901)로 시작한다. 농림축산식품부에 따르면 2021년 겨울, 국내에서 월동 중인 사육 꿀벌 약 39만 봉군(약 78억 마리)이 폐사되었다고 한다. 전체(240만 봉군, 약 480억 마리) 사육 꿀벌의 16%가 넘는 수준이다. 지구 온난화로 벌들의 겨울나기가 일찍 끝나고, 이동 양봉이 스트레스를 키우며, 유전적 다양성이 줄어들어 전염병에 취약해졌기 때문이라고 한다. 또 다른 원인으로는 살충제를 꼽고 있다. 살충제는 꿀벌의 귀소성(자신의 집으로 돌아가는 성질)에 영향을 미친다는 연구 결과가 나왔다.

다양한 꽃들이 유혹하는 4월 내내 꽃을 보고 사진을 찍으며 좋아한 내가 벌을 목격한 것은 살구나무에서 한 번, 보리수나무에서 한 번, 딱 두 번이다. 이렇게 벌이나 곤충이 적어 열매를 맺을 수 있을까 걱정될 정도였다. 꿀벌은 농사와 직결되어 있고, 꿀을 채취하기 위해 꿀벌을 사육하는데도 해마다 그 양이 줄어든다고 한다(야생 꿀벌의 개체 수는 추정이 어려워 통계는 사육 꿀벌로 함). 그럼 다른 곤충과 동물은 다양성이 유지되고 있을까?

유발 하라리의 『사피엔스』(조현욱 옮김, 김영사, 2015)는 '슬기로운 인간'의 성장과 번영에 관한 역사 이야기지만 난 다르게 보았다. 인간이 발을 들여놓고 터를 다지면 반드시 멸종하는 생물이 나왔다. 인간의 성장은 자연의 파괴를 담보로 하고 있었다. 이 인류의 역사는 인간의 관점에서 '슬기로웠고' '발전을 거듭한' 일이었으나, 지구의 입장에서는 파괴의 과정을 밟아 나가는 것이었다. 호모 사피엔스가 농사를 시작하고, 과학 문명은 '더 많이'를 외치며 농업을 기계식으로 변화시켰으며 신의 영역으로 생각되던 유전자 조작도 가능해져 생명 지도 또한 손쉽게 바뀌고 있다.

두려움을 모르는 인간은 이제 '기후 위기'라는 벽에 부딪혔다. 새삼스럽게 우리는 지구가 인간만을 위한 곳이 아니었으며, 자연이 스스로 한계를 극복하기에는 무리라는 것을 깨달았고,

생물 다양성은 인간이 살아가기 위한 필연적인 조건임을 알게 되었다. 하지만 인간 의식의 변화 속도는 느리고, 거침없는 기후 위기는 저벅저벅 큰 걸음으로 다가오고 있다.

인류가 등장하면서 많은 생명이 지구상에서 사라졌고, 또 사라지고 있다. 그들의 이야기를 우리는 들어야 한다. 인간종에 의해 사라진 수많은 생명의 안타까운 이야기를 들으며 이제 우리가 나서야 함을, 더 늦지 않기를, 변화의 마지막 기회임을 알아야 한다.

그림자로 사는 일

『그림자의 섬』을 보니 마음이 아프다. 이 작품은 이름 없는 숲속 '소원의 늪'과 '잃어버린 시간의 폭포' 사이의 '꿈의 그늘'이라는 곳에서 일어나는 이야기로 제법 몽환적으로 흐르다 독자를 당황하게 만든다.

먼저 나의 무식을 고백해야겠다. 주인공 '왈라비'와 악몽 사냥꾼 '딩고'가 이름이라고 생각했다. '딩고 시리오'라는 문장에서 왜 이름이 두 개 나오는지 이해하지 못했다. '딩고'를 검색하니 오스트레일리아 들개라고 했다. 그럼 왈라비도 이름이 아닐 수 있겠다 싶어 검색하니 캥거루과에 속하는 동물이었다. 특히 딩고의 먹이는 왈라비라고 한다. 책에서는 딩고가 왈라비를 도와주는데, 작가의 주인공 인물 섭외가 돋보인다.

『그림자의 섬』

다비드 칼리 글, 클라우디아 팔마루치 그림,
이현경 옮김, 황보연 감수,
웅진주니어, 2021

악몽을 치료하는 왈라비 박사를 통하여
우리는 태즈메이니아주머니늑대의
마음 아픈 사연을 듣게 된다.
왈라비 박사는 꿈을 치료할 수 있을까?

주인공 왈라비는 동물들의 악몽을 치료하는 박사다. 시리오는 왈라비 박사를 도와 악몽을 잡는 사냥꾼이다. 반복되는 악몽을 꾸는 동물들은 왈라비 박사를 만나 상담하면 말끔하게 해결된다. 어느 날 태즈메이니아주머니늑대가 방문한다. 이 늑대의 꿈은 텅 비고 아무 소리도 들리지 않고 깊디깊은 곳에 꼼짝도 못한 채로 있는데, 눈앞에는 어둠만 보인다는 것이다. 왈라비 박사는 많은 꿈의 책을 찾아보며 확인하는데 그런 꿈은 그 어디에도 나오지 않았다. 그러다 그 꿈의 비밀을 풀어내는데 바로 '멸종'이다.

태즈메이니아주머니늑대는 호주에 살던 육식 동물이다. 민가의 양과 닭을 습격해 1930년대 사냥으로 멸종한 종이다. 사실

왈라비는 덩치가 작은 동물로, 딩고와 태즈메이니아주머니늑대의 먹이였다.

그림은 원시림을 독특하게 그렸던 앙리 루소의 화풍이 떠오르게 한다. 앙리 루소의 그림은 색이 좀 더 밝고 꽃이 많아 화려하고 행복한 분위기를 만들어 내는데 이 책의 그림은 색의 톤이 낮아 침울한 분위기를 만든다. 그림 작가는 독자에게 말을 거는 그림을 중간중간에 넣었다. 그의 의도를 곱씹어 보는 것도 의미 있는 일이다.

면지에는 동물 카드처럼 60마리의 동물 그림과 이름이 실렸다. 멸종되었거나 멸종되어 가고 있는 동물이다. 표지를 넘기고 면지를 넘기는 일이 마음을 무겁게 한다.

속표지의 그림을 유심히 볼 일이다. 저 배는 무슨 배지? 난 '노아의 방주'가 떠올랐다. 노아의 방주에는 암수 한 쌍씩 방주에 올라탔는데 이 배에 오르는 동물들은 한 마리씩이다. 멸종된 동물이거나 멸종 위기종으로 보인다. 그럼 저 배는 살아남기 위해 타는 배가 아니라 영혼의 섬으로 가는 배가 아닐까? 시작부터 암울한 기분이 든다.

그림은 변화가 심하다. 숲이었다가 검은색의 꿈이었다가, 흰 배경이 펼쳐지는 부분은 『악몽 사냥 설명서』 책의 내용이며, 다시 현실이 되었다가 악몽을 다룬 두꺼운 책들이 나오고, 유령의 섬으로 바뀐다. 그림 작가는 시간과 공간의 변화를 그림책이라는 몇 장 안 되는 공간 안에서 변화무쌍하게 드러냈다.

나의 눈이 멈춘 곳은 '멸종'을 설명하는 부분의 그림이었다. 그림의 의미를 이해할 수 없었다. 장면은 노랗고 동그란 빛이 검은 그림자에 의해 점점 사라지는 일식의 과정처럼 보인다. 태양과 달과 지구가 일직선이 되면서 달이 태양을 완전히 가리는 현상을 개기일식이라고 하는데 그 과정을 6컷으로 그려 놓은 것처럼 보인다. 이 그림과 멸종의 서사를 어떻게 연결하지? 태양은 약간의 시간이 흐르기만 하면 조금씩 모습을 다시 드러내는데, 멸종은 그렇지 않단 말이다. 태즈메이니아주머니늑대가 '멸종'이란 말을 듣고 자신이 지구상에 없는 존재라는 것을 인식하는 과정을 서서히 빛을 잃어 가는 과정으로 느꼈다는 이야기인가? 아니면 한 종의 동물이 지구상에서 사라지는 것을 하늘문이 서서히 닫히는 것으로 표현한 것일까? 작가는 의미를 던지고 독자는 의미를 찾아 가는 읽기의 과정이다.

유령의 섬에 도착한 태즈메이니아주머니늑대는 왈라비 박사에게 묻는다. "언젠가는 돌아갈 수 있나요?" 그 말에 왈라비 박사는 "아무도…… 알 수 없지요."라고 한다. 저 말 줄임표에 생략된 말은 무엇일까? 난 억지를 부리고 싶다. 우리가 더 늦기 전에 뭔가를 바꿀 수 있다면 돌아올 수 있다고 억지를 부리고 싶다.

다음 그림책은 좀 다른 분위기의 책으로 선정했다. 『태어납니다 사라집니다』이다. 앞표지는 두 부분으로 나뉜다. '태어납

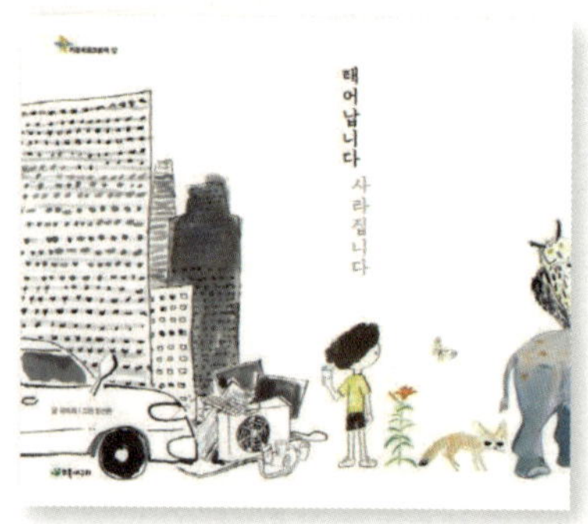

『태어납니다 사라집니다』

유미희 글, 장선환 그림,
초록개구리, 2020

새것, 편리한 것이 좋은 것인지 생각하게 된다. 편리함만 추구하면 사라지는 것은 어떻게 될까? 표지의 생물들 끝에 인간이 있음이 의미심장하다.

니다' 글이 있는 쪽은 현대 사회의 산물이고, '사라집니다' 쪽은 제목의 글자 색이 옅어지고 그림은 동식물이 오른쪽으로 사라지는 구성을 취하고 있다. 표지만 보고도 우리는 이 책이 지향하는 바를 알 수 있다. 뒤표지를 펼치고 보면 사라진 동식물이 현대 문명의 시설 사이로 향한다. 작가는 소멸의 슬픔을 노래한 것이 아니라 상생의 삶을, 공생의 삶을 노래하고 있다.

작가는 종이컵 하나를 쓰레기통에 '툭' 던지며 '많은 사람이 지금 자신처럼 이렇게 행동하겠지?' 생각한 것이 이 책의 모티브가 되었다고 한다. 나는 생태 전환을 생각하며 제일 먼저 내 주변에서 '빼기'를 한 것이 '종이컵'이다. 종이컵은 가격이 싸고, 설거지가 필요 없다. 사람들과 어울릴 때 종이컵으로 간단하게 음료 한잔 나누는 것을 너무나 쉽게 생각한다. 그런데 코팅된 종이컵으로는 정을 나눈다고 보기 어려웠다. 종이컵은 나무를 베어 만들며, 코팅한 물질이 뜨거운 물을 만나면 녹아내리고, 그 물을 우리가 마신다. 사용 후에는 재활용이 안 되어 소각하거나 땅에 묻는데 대기는 물론 토지 환경에 좋은 영향을 미치지 않았다. 나도 실천할 수 있다는 가능성을 심어 주고 편리함을 불편함으로 바꾸며 주변에서 가장 먼저 없앤 것이 종이컵인 이유다.

이 그림책의 서사 전개 방법은 현대 사회의 산물들을 급속도로 '태어납니다.'라고, 멸종으로 이어지는 자연의 동식물을 '사라집니다.'로 표현하는 것이다. 1분에 생산되는 옷이 몇백 벌, 몇만 벌이 된다면 같은 시간 안에 사라지는 동식물에게 점점 치명적인 일이 되며, 멸종으로 가는 지름길이 된다. 태어나는 것들은 기계식, 공장식 체제 안에서 대량으로 생산되어 마지막에 이르면 초록별이었던 지구는 쓰레기로 가득한 검은별이 된다.

1초에 종이컵이 태어나는 양, 1분에 새 옷이 태어나는 양, 한 시간에 새 컴퓨터가 태어나는 양, 하루에 새 에어컨이 태어나는 양, 한 달에 새 자동차가 태어나는 양, 1년에 새 아파트가 태어나는 양……. 1초에 사라지는 것, 1분에 사라지는 것, 한 시간에 사라지는 것, 하루에 사라지는 것, 한 달에 사라지는 것, 1년에 사라지는 것……. 이러다 지구에 남는 것은 무엇인가?

'태어납니다'의 그림에는 작가가 주인공으로 등장한다. 종이컵을 사용하는 주인공은 컴퓨터 앞에 앉아 일하고, 뒤에서는 에어컨이 가동되고 있다. 자동차가 도착하여 뛰어나가는 주인공, 사는 집을 줌아웃으로 보면 빽빽한 아파트의 회색 도시다. 반면에 '사라집니다'는 밝고 아름다운 색상의 자연이다. 그림만 쭉 훑어보면 우리가 취하는 것은 쓰레기고, 잃는 것은 자연이다.

마지막 장면에 이르면 마음이 아파진다. 지구의 아름다운 동식물은 박물관의 모형과 사진으로 존재한다. 관람객은 마스크를 착용한 모습이다. 아마도 '태어납니다'와 '사라집니다'를 계속한다면 마지막 장면의 인간도 사라질 것이다.

이 책을 읽으며 숫자의 의미를 생각하게 된다. 책을 시작하기 전에 작가는 이 책에 나오는 숫자는 '상징적인 것'이라고 명시했다. 태어나는 것은 공장식 생산 과정에서 기하급수적으로 늘어난다는 것을, 사라지는 것은 몇 개 되지 않아도 멸종으로 가는 중임을 인식하고 읽어야 한다.

"멸종에 관한 책을 읽었는데 어떤가요?" 하고 아이들에게 물으니 '무섭다'는 대답이 많이 나왔다. 나는 이유를 물었다.

"영영 사라지는 것이니까요. '죽음'보다 무서운 것 같아요."

"전 지구상에 누가, 얼마만큼 살고 있는지 모르기 때문에 누가 사라지는지, 멸종되는지 몰라요. 이런 책으로 그 상황을 알게 되니 심각하다는 생각이 들었어요."

생태 감수성 기르기

2022년 봄, 난 정말 많은 꽃을 직접 눈으로 확인했다. 흔히 보는 진달래, 개나리, 벚꽃의 수준이 아니다. 삼지닥나무, 단풍나무, 계수나무, 개암나무, 호두나무, 은행나무, 복자기나무, 팽나무, 히어리, 올괴불나무, 고추나무, 물푸레나무, 미선나무 등등. 특히 암꽃과 수꽃이 다른 경우 그 꽃들을 지켜보느라 다리품을 많이 팔아야 했고 고개를 올려 키 큰 나무를 하염없이 바라봐야 했다. 하지만 발견하면 기쁨은 몇 배가 됐다. 또 식물들은 자기 삶의 패턴대로 흐를 뿐이라는 가르침을 얻었다. 꽃이 봉오리로 견디는 시간도 정말 만만한 시간이 아니었다. '화무십일홍(花無十日紅)'은 꽃만 보기 때문에 생긴 말이다. 꽃봉오리로 움트는 과정은 그야말로 인내의 시간이었다. 4월 한 달 내내 식물 공부로 인생의 의미를 새길 줄 아는 노인이 되었다.

얼마 전 교실에서 기르는 구피 어항의 물을 갈아 준 일이 있다. 집에서는 새 물을 받아 하루 정도 놓았다가 뜰채로 이동시킨다. 학교에서 전날 받아 놓은 물에 구피를 옮기려 하니 깊은 숟가락도 없고 뜰채도 없다. 이동시킬 도구를 구한다고 돌아다니다 오니 구피가 거의 옮겨졌다. 깜짝 놀라 "어떻게 한 거야?" 했더니 이구동성으로 "손으로 옮겼어요." 한다. 한 번도 손으로 옮긴다는 생각을 한 적이 없었던 나로서는 절로 웃음이 나왔다. "느낌이 어땠어?" 물으니 "미끈거리는 것 같아요." 한다. 한 아이가 한번 해 본다고 남은 구피를 옮기다 떨어뜨렸다. 책상 위에서 버둥거리고 있는 구피를 얼른 통에 담았다. 아이들이 빙 둘러 구피를 바라보는 일이 많다. 자연스럽게 생명에 관심 가지게 하는 일이 생태 감수성을 기르는 일이다.

'멸종'이란 주제로 아이들 마음에 스며드는 활동을 무엇으로 하면 좋을까 고민했다.

『그림자의 섬』과 『태어납니다 사라집니다』에 나온 동식물을 앞에 기록하고 그 외의 멸종, 멸종 위기 동식물을 기록했다. 한 장 가득 멸종 동물과 멸종 위기 동물 목록을 받아 든 아이들은 책에 나온 것만 정리했는데 이렇게 많다는 사실에 놀랐다. 난 한술 더 떠 이것이 전부가 아니라고 했다. 식물을 포함한다면 얼마나 더 많은 생명이 지구상에서 사라졌는지 헤아리기 어렵다고 했다. 그리고 이 중에서 자세히 알고 싶은 네 가지 생물을 조사한 후 사진을 출력해 오라고 했다. 저학년 아이들에게는 익숙한 과제가 아니지만, 아이들 나름대로 준비해 왔다. 이 자료를 가지고 '멸종하면 안 돼요' 책 만들기를 했다. 책의 마지막 장에는 활동 소감을 쓰라고 했다.

> 멸종 위기의 동물이 많아지고 멸종되는 생물이 많아지면 우리 인간도 곧 없어질 것이라는 생각이 들었다. (권*현)

지구는 자연으로 만들어진 행성이란 생각이 든다. 자연에는 동물과 식물, 인간이 산다. 하지만 자연을 돌보지 않으면 인간만 존재하는 세상이 될 것 같다. (주*민)

『그림자의 섬』을 보며 너무 오싹했다. 꿈풀이를 해 주던 동물이 같이 가 주겠다고 하는 장면에서 그들도 곧 멸종될 거 같은 생각이 들었다. 멸종되는 동물들은 정말 무서웠겠다. (김*후)

함께 읽어요

- 『곰들은 어디로 갔을까?』(김지은 글·그림, 노란상상, 2021)
- 『곰이 왔어!』(조수경 글·그림, 올리, 2021)
- 『다 찾았나?』(바루 글·그림, 한울림어린이, 2018)
- 『마지막 거인』(프랑수아 플라스 글·그림, 디자인하우스, 2008)
- 『마지막 코뿔소』(니콜라 데이비스 글·그림, 행복한그림책, 2021)
- 『멋진 하루』(안신애 글 ·그림, 고래뱃속, 2016)
- 『멸종 위기 동물들』(제스 프렌치 글, 제임스 길러드 그림, 우리동네책공장, 2020)
- 『멸종하게 내버려 두면 안 돼』(첼시 클린턴 글, 지안나 마리노 그림, 보물창고, 2020)
- 『여기, 지금, 함께』(이소영 글·그림, 해와나무, 2021)
- 『외뿔고래의 슬픈 노래』(김진 글, 이주미 그림, 키즈엠, 2016)
- 『우리 곧 사라져요』(이예숙 글·그림, 노란상상, 2021)
- 『이빨 사냥꾼』(조원희 글·그림, 이야기꽃, 2018)

동물원,
괜찮은가요

동물원, 이대로 좋은가?

멸종 위기의 동식물 이야기에서 끝을 맺고 싶었다. 그런데 그림책 한 무더기는 동물원을 이야기하고 있었다. 그 내용을 하나하나 살펴보며 아무래도 동물원이 이대로 좋은지 생각하는 시간이 있어야 할 것 같았다.

동물. 스스로 양분을 만들 수 있는 능력이 없어 먹이를 찾아 끊임없이 움직여야 하는 존재다. 동물들은 저마다의 생존 방법이 발달되어 있으며 먹이 또한 다양하게 분화되어 있다. 이들만의 세계에서는 균형과 조화가 유지되고 있었다. 하지만 인간의 등장과 더불어 사냥이 시작되었고, 온순한 동물을 기르면 언제라도 잡아먹을 수 있다는 사실을 터득하여 가축화가 이뤄졌다. 이 역사로 동물은 인간의 먹거리고, 죽여도 상관없다는 생각의 뿌리가 깊어졌다.

지구 온난화가 계속되고 멸종되는 생명이 많아지며 기후 위기가 닥치자 다르게 생각하는 사람들이 등장했다. 지구상의 모든 생명은 다 소중하다는 것이다. 동물이든, 식물이든, 미생물이든. 이들이 건재해야 지구라는 초록별을 아름다운 행성으로 유지할 수 있다는 것이다. 그러다 보니 이들을 연구하는 사람들이 늘어났으며 속속 새로운 연구 결과들이 나왔다. 지구가 생명의 별로 유지되기 위해서는 생물 다양성이 유지되어야 하며, 동물들도 감정과 아픔을 느끼고 인간의 유전자와 크게 차이 나지 않는다는 것도 알게 됐다.

동물원, 우리 동물원에 대해 어떤 기억이 있을까? 약탈의 시대에 다른 지역에 살던 동물을 시설 안에 가두고 볼거리로 제공한 것이 동물원의 시작이다. 동물은 원래 살던 환경과 전혀 다른 열악한 곳에 끌려와 구경거리가 된 것이다. 북극의 낮은 기온이 삶의 조건인데 온대 기후 지역의 동물원에 와 있는 북극곰, 하늘 높이 날아야 하는데 천장이 막힌 작은 호숫가를 거닐어야 하는 홍학, 동물원에서 태어나 동물원에서 생을 이어 가는 많은 동물 가족을 우리는 어떻게 봐야 할까?

예전의 우리는 아프리카의 사자를 우리나라에서 볼 수 있다는 것만 좋아했다. 사자가 살아가는 환경은 보이지 않았다. 시멘트 우리에 있든, 쇠창살 안에 있든 사자를 향해 움직여 보라고 소리 지르는 우리였다. 돌고래가 사람의 말을 알아듣고 행동하는 것에 환호를 보내며 즐거워했다. 좁은 공간에 갇혀 있는 답답함을 모르고, 그 높은 지능으로 느끼는 감정을 알지 못했다.

동물원이 바뀌어야 한다. 동물원은 볼거리, 구경거리를 제공하는 장소라는 관점을 버려야 한다. 동물의 습성을 거스르는 환경에서 억지로 사육하는 것은 동물 학대다. 동물원은 멸종 위기의 동물을 보호하는 곳, 동물과 인간이 공생할 방법을 연구하는 곳이 돼야 한다. 또 그런 학습의 장이 되어야 한다.

2009년 불법으로 포획되어 돌고래쇼에 동원된 제주 남방큰돌고래 제돌이와 춘삼이를 2013년 야생으로 돌려보내기 시작하여 2015년에는 복순이, 태산이(2022년 폐사)를 돌려보냈다. 이들은 야생 적응에 성공했다. 방생하기 전 야생 적응 훈련을 하였으며, 살아 있는 물고기를 주어 스스로 사냥을 해 먹이를 얻도록 했다. 많은 사람의 관심과 협력으로 가능한 일이었다. 관련 영상을 함께 본 아이들은 동물원 동물들도 야생으로 돌아갈 수 있다는 가능성을 확인하게 되었다.

'종평등주의(種平等主義)', '반종차별주의(反種差別主意)' 등의 사상이 우리 사회에 싹트고 있다. 이 사상이 어불성설이라고 말하는 사람들이 없지 않지만, 미디어의 발달로 동물을 공산품처럼 취급하는 영상이 퍼져 나가며 '과연 우리가 이래도 되는가?'

스스로 질문하고 불편한 마음을 갖는 사람들이 늘어나는 분위기이다. 제일 민감한 부분은 먹거리와 의복에 관한 분야로 이 내용은 뒤에서 다시 언급할 것이다. 그다음 동물원을 바라보는 사람들의 시선과 관점이 바뀌어야 한다고 이야기하는 사람들도 늘어나고 있으며, 실제로 같은 맥락에서 목소리가 높아지고 있음을 인식해야 한다.

동물원의 동물들에게 내려오는 비책

『우리 여기 있어요, 동물원』은 동물원 동물들이 마지못해 살아가는 삶의 이야기를 담은 그림책이다. 작가가 수없이 수정하며 써 나갔을 서사가 비수처럼 꽂힌다. 우리 인간이 보는 동물원

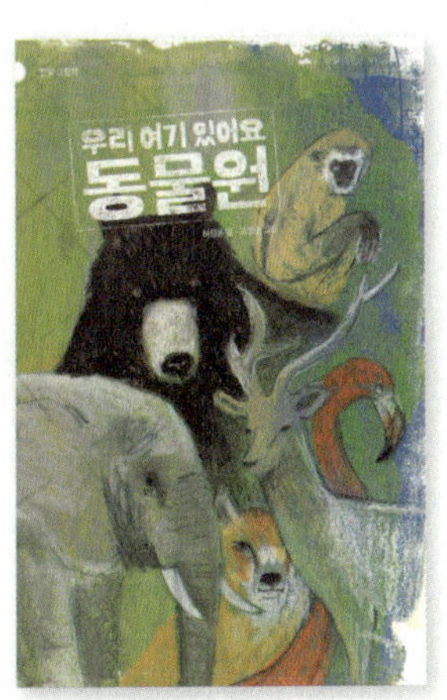

『우리 여기 있어요, 동물원』

허정윤 글, 고정순 그림, 반달, 2019

동물원에서 살아가기 위한 동물들의 비책을 담은 그림책. 동물들이 꿈은 그저 꿈일 뿐인 걸 인정해야 하는, 희망이 없어도 밥을 챙겨 먹어야 하는, 너무 쉽게 길들지 말아야 하는 이유는 뭘까?

이야기가 아니라 동물원의 사자 레오가 동물원에 갇혀 있는 다른 동물에게 전하는 '이곳에서 살아가는 삶의 지혜'를 담았다. 그 이야기가 인간에게는 불편하고, 마음을 아프게 하기도 한다.

동물원 동물들은 희망이 없어도 밥을 꼭 먹어야 한다. 내가 없으면 다른 동물들이 내 자리에 와서 고통을 받을 것이기 때문이다. 행진 연습 때는 나 때문에 틀려서 반복하는 일이 없도록 순서를 잘 기억해야 한다. 사랑을 나눌 수는 있지만 새끼를 낳으면 안 된다. 동물원에서 태어난 새끼는 그대로 동물원에서 살아갈 것이다. 마지막으로, 이 모든 현실을 '적당히' 참아 내는 것이다. 모두 힘든 환경에서 살아가고 있기 때문이다.

서사는 행동으로 옮겨야 할 부분을 굵게 강조했다. 자기 계발서에서 성공하는 삶을 안내하는 문구처럼 강조되어 있지만, 이유를 설명하는 다음 문장을 읽으면 찌르르 아픔이 전해 온다. 저 문장들을 뽑아내느라 글 작가는 얼마나 아팠을까. 몇 곳만 옮겨 놓았는데도 우리 인간의 행동이 미안하고 죄스럽다.

마지막 서사는 '내가 다시 태어난다면…….'이다. 말을 잇지 못하는 사자 레오인데 그림은 초원의 모습이다. 정말 간절히 다음 생에서라도 그 소원이 이뤄지길 바란다.

고정순 그림 작가는 작가 소개 글에서 신문지에 싸인 흰 뱀의 죽음을 이야기한다. 그러면서 독자에게 묻는다. '우린 동물원에서 무엇을 보고 무엇을 느껴야 하는가?' 고정순 작가는 평소 고동을 경험한 당사자보다 더 크게 울지 말자는 마음으로 작품에 임한다고 한다. 그래서일까? 그림에는 과장이 없다. 담담한 표정의 체념한 동물 얼굴을 클로즈업했을 뿐이다.

한편 고정순 작가는 자신의 에세이 『그림책이라는 산』(만만한책방, 2021)에서 글 작가들과 협업으로 작업하며 사회를 공부하고, 평화는 얼마나 허망하게 우리를 떠났고, 얼마나 어렵게 우리에게 오고 있는지 알았다고 고백한다. 세상이 망가지는 일은 너무 쉬웠고, 바로잡는 일은 어려울 테지만, 그 일에 하루 한 명씩이라도 더 동참하길 바라는 작가의 마음이 이 그림책으로도 느껴졌다.

가족 나들이로 동물원에 가는 날이라면 무척 들뜨고 기대할 것이다. 정글의 사자와 원숭이, 앵무새 등을 실제로 보게 될 것이라는 기대에 부풀어 마음은 풍선처럼 들떴을 것이다. "크아앙!" 커다란 포효를 들을 수 있을지 모른다고 기대할지도 모른다. 그런데 이 그림책은 그런 마음에 찬물을 '확' 뿌린다. 그들은 하나도 기쁘지 않으며 우리에 갇혀 사는 일은 슬픈 것이라고, 누군가의 구경거리로 일생을 보내는 일은 행복하지 않다고.

우리 반 아이들이 매년 인상 깊게 읽는 책은 『서로를 보다』(윤여림 글, 이유정 그림, 낮은산, 2012)다. 이 작품은 대화로 이야기가 전개되는 책으로, 소녀가 그동안 공부한 내용을 동물원의 동물에게 확인하는 내용인데 동물원의 동물은 하나같이 소녀의 질문에 '그렇다'라고 대답할 수 없다. 동물원에서 살아 소녀가 말하는 이야기를 경험하지 못했기 때문이다. 나의 첫 책 『하루 한 권 그림책 공감 수업』(학교도서관저널, 2019)에서 소개한 내용과 마찬가지로 우리 반 아이들은 이 책을 읽고 나서 질문 만들기를 하고 하브루타 수업을 진행했다. 많은 아이가 선택한 질문이 '동물이 인간보다 똑똑하다면 어떻게 될까?'였다. 이 질문에서 아이들은 인간과 동물의 상황 역전을 이야기했다. 인간이 동물원에 갇혀 있거나 인간이 반려동물로 길러진다는 이야기들이 오고 갔었다. 그런데 실제로 그런 그림책을 만났다. 바로 『이상한 나라의 그림 사전』이다. 이 책을 만나고 이미 졸업한 친구들을 불러 놓고 함께 읽고 싶은 마음이 간절했다.

『이상한 나라의 그림 사전』은 짙은 녹색의 양장본 책이다. '이상한 나라의 앨리스'를 상기하듯 표지에는 토끼 한 마리가 있다. 토끼는 허리에 권총을 차고 어깨에 장총을 멘 영락없는 사냥꾼의 모습이다. 표지부터 '이상한 나라'의 진입이다. 본문은 낱말을 풀이하고 그림을 보여 주는 '그림 사전'이다. 그런데 그 그림이 하나같이 충격적이다. 인간과 동물의 상황이 역전된 모습이다.

'동물원'을 풀이한 부분을 보자. '동물의 생태와 습성을 배우며 교감을 통해 정서를 순화할 수 있는 곳'으로 정의한다. 이해를 돕는 그림을 보면 쇠창살 안에 인간이 있고 밖에서 호랑이

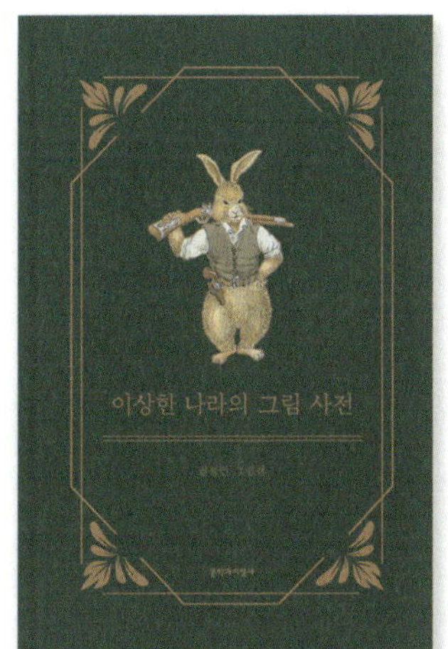

『이상한 나라의 그림 사전』

권정민 글·그림, 문학과지성사, 2020

왼쪽에는 낱말 풀이, 오른쪽에는 그림을 넣은 그림 사전 형식의 그림책이다. 그림은 글이 말하지 않은 충격적인 장면을 직관적으로 보여 준다.

가족이 인간을 구경하는 모습이 담겨 있다. 또 '이별'을 '더 이상 함께할 수 없는 상황에 처해 헤어지는 것'이라고 한다. 오른쪽 페이지를 보면 '필요한 분 가져가세요'란 글씨가 붙은 상자에 넣어져 있는 것은 인간이다. 우리가 반려동물을 키우다 버리는 모습과 똑같다. 버려지는 대상이 인간이라는 것만 다르다. 낱말 이해가 어려운 것이 아니라 그림이 불편한 책이다. 어쩌다 이런 그림책이 나왔는지 우린 안다.

성찰 : 자신의 마음을 돌아보고 스스로에게 질문을 던지는 시간

마지막 낱말이다. 이 낱말로 끝맺음 한다는 의미는 작가가 독자

에게 '성찰'을 주문하는 것이다. 앞에서 보았던 많은 낱말과 이미지를 보며 인간 너는 어떤 생각을 하였느냐? 이래도 인간만이 우월하고 다른 동물을 함부로 대해도 되겠냐고 호통으로 마무리하는 것 같다.

그림은 르네 마그리트의 <금지된 재현>을 패러디했다. 원작 <금지된 재현>은 거울 앞에 선 남자의 뒷모습인데 거울에 비친 모습도 뒷모습이다. 철학적 질문을 던지기로 유명한 르네 마그리트는 왜 그 작품에 '금지된 재현'이라는 제목을 붙였을까? 거울 앞에서 내가 바라보는 것은 나의 뒷모습이다. 화장하지 않은, 가면으로 가릴 수 없는 나의 뒷모습이다. 아무리 치장하고 감춰도 남들이 다 보고 있는 나의 뒷모습, 정작 나만 볼 수 없는 내 뒷모습인데 거울 속 남자는 자신의 뒷모습을 바라보고 있다.

권정민 작가는 '성찰'을 그림으로 표현하며 거울을 바라보는 남자의 뒷모습에, 개의 정면 얼굴을 거울에 비췄다. '인간, 너는 만물의 영장이 아니라 동물의 한 종일 뿐이거든!' 외치는 것만 같다.

우리는 이제 필연적으로 '생명 존중'을 강조하는 교육을 해야 한다. 내가 소중한 만큼 나를 둘러싼 모든 생명은 존중받아야 한다. 관찰한다고 무자비하게 채집했던 곤충들, 여가를 즐긴다고 호수와 바다에 드리웠던 낚시 도구들, 생명 현상을 탐구한다는 목적으로 함부로 한 실험실의 생물들. 어느 것 하나 편안한 마음으로 바라볼 수 없다. 작가는 그림으로 독자에게 질문을 던진다. 당신은 어느 수준이냐고. 난 걸음마를 배우는 사람이다. 주변의 생명에게 이제야 말을 거는 단계다. 아침에 만나는 새들에게 "잘 잤니?" 묻고, 움터 자라는 식물에 "장하다." 칭찬하는 말 거는 단계다.

어떤 말이 더 필요하겠는가. 동물원이 아픈 동물이 쉬어 가는 곳, 멸종 위기의 동물을 보호하는 곳, 인간과 동물의 공존을 교육하는 곳으로 부디 탈바꿈하길 바랄 뿐이다.

어떻게 해야 동물을 행복하게 구할 수 있을지 모르겠다.
우리에 갇힌 동물이 우리라면 어땠을까 생각하니 우울하다.
(김*후)

우리는 죄를 지어 감옥에 갇힌다. 동물들은 잘못도 없는데
왜 가둬 놓았을까? (오*훈)

생태 감수성 기르기

요즘 우리 교실은 관찰할 거리가 넘쳐 나고 있다. 자기 화분에서 식물이 자라고 있고, 곧 옮겨 심을 스웨디시 아이비가 뿌리를 내리고 있으며, 어항에서는 구피가 자란다. 5월에 한 가족으로 들어온 아이는 케일을 먹으며 무럭무럭 자라는 배추흰나비

애벌레다. 아이들과 나는 쉬는 시간마다 돋보기, 루페를 들고 다니며 들여다보기 바쁘다. 생동하는 이 교실 환경에서 아이들은 무엇인가 더 배우고, 생각하는 시간을 보냈으면 좋겠다. 이왕이면 '생명의 소중함'을 느끼는 공간이 된다면 더없이 감사한 일이다. 살아 있는 교육이 되도록 내가 방향을 잘 잡아 나가야겠다.

『물고기는 존재하지 않는다』(룰루 밀러 지음, 정지인 옮김, 곰출판, 2021)를 보면서 '어류'라는 존재를 다시금 생각하게 되었다. 작가처럼 어류란 존재하지 않는다고 당당하게 아이들에게 전달할 능력이 내겐 없다. 하지만 구피를 몇 년 기르며 관찰하니 새로운 면을 많이 발견할 수 있었다. 어류처럼 체외수정을 하지 않고 짝을 맺기 위해 수컷이 늘 암컷의 뒤를 졸졸 따라다니며 관심을 유도한다는 것, 어린 물고기를 먹어 치우기 때문에 수초가 있어야 새끼로 부화하기 쉽다는 것, 새끼는 그 수초에서 숨어 살다가 어느 정도 자라면 수초 밖으로 나온다는 것 등이다. 아이들도 구피를 관찰하며 살아가는 나름의 방식을 발견하고, 그 삶을 존중하는 마음을 기르면 좋겠다.

5월 6일은 재량 휴업일이다. 어린이날부터 일요일까지 4일의 연휴가 생겼다. 수요일에 교실 문을 나오기 전에 화분들에 충분히 물을 줬다. 밥을 미리 주는 것이 효과가 없는 구피를 위해 금요일 구피 집사로 등교했다. 어항 바닥에 남아 있던 먹이는 깔끔하게 치워져 있었다. 내가 어른거리자 구피는 내 쪽으로 요란하게 몰려들었다. "그래, 배고팠지? 얼른 밥 줄게."라면서 서랍에 있던 먹이통을 꺼냈다. 손가락으로 집어 몇 차례 뿌려 주었다. 그제야 조용해졌다. 살아 있는 생명은 정말 함부로 못 하겠다. 내 한 몸 귀찮다고 모르는 척하기 어렵다. 무엇을 기른다는 행위는 책임감이 따르는 일이다. 부디 아이들도 생명을 소중하게 여기고 책임감 있는 사람으로 자라길 바란다.

원래 계획은 '물고기 책'을 만들어 물고기를 공부하는 시간을 가지려 했다. 구피가 온 다음 시작해야 했는데 시간이 영 나지 않았다. 학기 말에 여유가 생기면 도전하며 물속 생물에 대해 즐겁게 탐구하는 시간을 꼭 만들어야겠다.

함께 읽어요

- 『너를 보면』(최숙희 글·그림, 웅진주니어, 2018)
- 『내일의 동물원』(에릭 바튀 글·그림, 봄볕, 2019)
- 『동물도 행복할 권리가 있을까?』(올라 볼다인스카-프워친스카 글·그림, 우리학교, 2020)
- 『동물원』(앤서니 브라운 글·그림, 논장, 2008)
- 『돼지도 누릴 권리가 있어』(백은영 글, 남궁정희 그림, 와이즈만북스, 2021)
- 『30번 곰』(지경애 글·그림, 다림, 2021)
- 『서로를 보다』(윤여림 글, 이유정 그림, 낮은산, 2017)
- 『어느 여름날』(고혜진 글·그림, 국민서관, 2018)

우리들의 약속

생물 다양성이 춤추는 곳으로

생태 전환 교육의 방향은 무엇일까? 아이들에게 어떤 마음을 심어 주는 것이 중요할까? 쓰레기 버리지 않는 일, 나무를 심어 숲을 가꾸는 일, 에너지를 절약하는 일, 음식물 쓰레기를 줄이는 일? 모두 맞는 말이지만 그것보다 중요한 것은 우리의 생각을 바꾸는 것이다. 생물 다양성을 지향하면서 그 다양한 생명과 '공존'해야 한다는 각오를 하는 것이다. 그 바탕에는 '생명의 소중함'이 자리해야 한다. 인간만의 편리한 생활을 꿈꾼다면 지구는 생명이 살 수 없는 곳으로 치닫게 될 것이다.

자연이 스스로 치유가 가능하던 시대에 비하여 오늘날 인구는 폭발적으로 늘었으며, 앞으로 더 늘어날 것이다. 그 많은 인구가 한정된 땅덩어리에서 먹거리를 생산하는 일은 결단코 쉬운 것이 아니다. 숲을 자꾸 경작지로 바꾸고, 과학 기술의 발달로 종자를 개량하여 생산량을 최대로 끌어올리는 일에 노력했다. 앞으로 과학 기술이 발달한다면 지금의 2배로 먹거리를 생산해 낼 수 있을까? 과학자들은 임계점에 도달했다고 한다. 과학 기술이 발달하지 못하여서가 아니라 지구가 더는 버틸 재간이 없다고 한다. 기후 위기는 복합적이고 동시다발로 일어나는 현상이고, 우리 인류는 단시일 내에 어떤 해결점에 도달할 수 없다.

그동안 우리는 물고기를 팔아 생계를 이어 간다고 너무 많은 양을 잡거나, 같은 이유로 고기를 얻기 위해 소나 돼지만을 기른다거나, 주식이라고 벼와 밀만 재배하고, 팜유를 생산하기 위해 숲을 제거하고 야자수만 심는 등 다양성을 유지하려는 행동과는 거리가 먼 모습을 보였다. 오히려 인간 편의에 따라 자연을 이용해 왔을 뿐이다. 그 결과 지구는 회복 탄력성을 잃었다.

우리는 거대 담론이 필요한 시대에 직면하고 있다. 개인의 이익을 우선하는 일보다도, 기업의 이윤 추구보다도, 한 국가의 '경제 성장'이라는 목표보다도 더 크고, 더 포괄적인 '지구 살리기'에 세계 시민이 동참해야 한다.

자본주의는 소비를 촉진하여 부를 축적하는 시스템으로 진행되었다. 부자는 그 부를 이용해 더 많은 소득을 올리고, 소득이 적은 사람들은 노동 시간이 늘어나도 생계를 유지하기 어려운, 빈익빈 부익부의 세계를 만들었다. 하지만 기업이나 정부, 사회는 이 빈부 격차에 대한 해법을 내놓지 못하고 있다.

처음 '탈성장'에 관해 공부하면서 이 개념을 모두가 수용할 수 있을까 의문이 들었다. 상대방을 설득할 자신이 없어 피하고 싶은 주제였다. 시작해 놓고 며칠이 지나도 글이 앞으로 나아가지 못하고 멈춰 있을 때 '왜지?' 생각하니 '탈성장'을 회피하고 있는 내가 보였다.

성장하는 데 엔진을 최대로 올리고 달리는 우리나라 입장에서 그 엔진을 끄라고 하면 당장 '그럼 어떻게 사느냐?'는 말이 나오는 것은 당연한 일이다. 자원도 없고, 영토도 비좁은 곳에 많은 인구가 살아가는 대한민국은 오늘에 이른 것만으로도 기적과 같은 일을 이루었다고 볼 수 있다. 그런데 열심히 일해서 번 돈으로 무엇을 하는지 곰곰이 생각해 보자. 먹고사는 '소비'가 가장 큰 항목으로 나온다. 내가 한 소비는 누구에게 이윤을 주는가? 소비를 촉진하는 물건을 생산하기 위해서 기업이 어떻게 하는가? 그 결과 나를 둘러싼 환경은 어찌 되는가?

이는 경제의 이야기고, 사회의 이야기고, 환경의 이야기고, 지구의 이야기고, 또한 나의 이야기다. 생명이 살아 숨 쉬는 지구가 되기 위해서는 한쪽으로 쏠린 부가 평평하게 퍼져 나가야 하고, '성장'이란 환상적인 목표를 내려놓아야 한다.

농사를 다시 생각해 보자. 식량을 최대로 생산하기 위해서는 숲을 개간하여 농토로 만들어야 한다. 생산량이 많아지도록 유전자를 조작하고, 제초제에 강한 씨앗을 다국적 기업에서 사야 한다. 크고 탐스러운 결실을 위해서는 화학 비료를 줘야 하며, 병충해를 이겨 내려면 농약을 살포해야 한다. 1년 농사로 끝나는 것이 아니라 매년 이런 과정을 반복하게 된다. 우리의 환경은 어떻게 될까? 숲은 나날이 줄어들고, 땅은 화학 비료와 농약에 오염되어 힘을 잃게 되고, 비가 내려 오염된 땅을 흐르는 빗물은 그대로 오염수가 되어 바다로 향한다. 주변의 곤충이 사라지고, 곤충이 사라지므로 조류가 사라진다. 숲의 생태계, 강의 생태계, 바다 생태계가 온전할 리 없다. 식물을 심어 놓고 가루받이를 사람이 하고 다니는 상황은 흔하다.

이제 '성장'만이 답인 시대는 아니다. 이윤 추구가 목표인 기업에 그 목표를 내려놓으라고 하면 통할까? 이 환경을 바꿔 나갈 수 있는 유일한 세력은 '주인 의식 있는 세계 생태 시민'이다. 다급한 지구의 외침을 듣고 반응하는 세력도 세계 생태 시민이다. 남녀노소 상관없이, 피부색 상관없이, 어느 지역에 살든, 어느 국적을 가졌든 상관없이 불편한 삶을 추구하는 일상이 되어야 하고, 끊임없이 연대하며 바른 가치가 현실이 되도록 움직여야 한다. 바른 가치는 '생명의 다양성'이고, '생명의 소중함'이 되어야 한다.

실천만이 길이다

소제목을 적고 보니 자못 비장해진다. 그동안 수없이 반복한 말임에도 또 이 말부터 쓸 수밖에 없다. 행동이 얼마나 중요하고 시급한지 여기까지 따라온 독자는 알 것이다.

내 이야기를 좀 하려 한다. 그림책에 빠지기 훨씬 전부터 '식물'에 빠진 사람이다. 무슨 나무인지, 어떤 꽃인지, 어떤 풀인지 궁금했다. 누구나 아는 식물의 이름을 나도 알게 되자, 한 식물의 사계절 모습을 알아보는 눈이 되고 싶어졌다. 덕분에 우리 집은 늘 화분이 넘쳐 나고, 15층임에도 모기와 함께 산다.

식물에 관심이 많다고 말하는 나로서는 창피한 일이지만 은행나무와 느티나무의 암꽃과 수꽃을 올해 처음 봤다. 천천히 확대하여 들여다보니 꼭꼭 숨겨 놓고 있던 신비의 세계가 열린다. 눈에 띄는 나무마다 개화 시기를 맞추느라 이리저리 돌아다니며 관찰했다. 그 과정은 완전히 내 사고를 바꿔 놓았다. 계수나무꽃, 올괴불나무꽃 등 자세히 보지 않으면 알 수 없는 그 꽃들을 만나며 어쩜 그리 개성이 강한지 감탄하지 않을 수 없었다. 알아주든, 알아주지 않든 식물은 위대한 한 생애를 살아간다는 것을 깨달았다.

친구가 귀한 꽃 보여 준다며 데리고 가 개암나무꽃을 보여 줬다. 한 가지에 암꽃과 수꽃이 따로 피는데 암꽃이 너무 작아 카메라에 잡기 힘들었다. 간신히 찍고 보니 감탄이 절로 나온다.

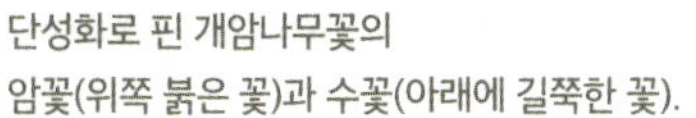

단성화로 핀 개암나무꽃의
암꽃(위쪽 붉은 꽃)과 수꽃(아래에 길쭉한 꽃).

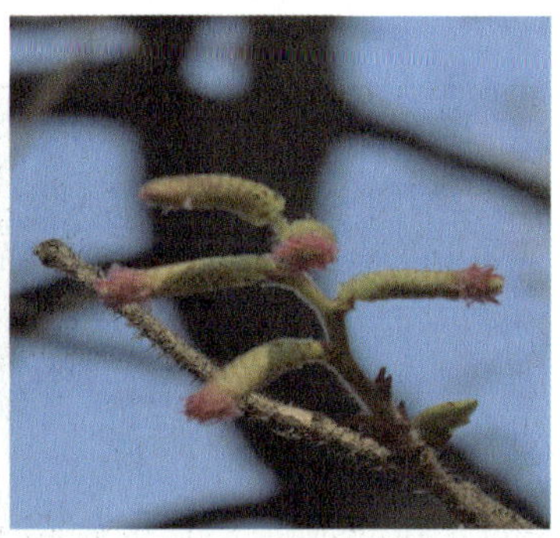

양성화로 핀 개암나무의 수꽃과 암꽃.
수꽃 아래 암꽃이 매달린 모습이다.

얼마 뒤 다른 친구가 사진을 보내며 뭔지 궁금하다고 했다. 개암나무 수꽃 아래에 빨갛게 암꽃이 매달린 모습이다. 순간 내 머리에 떠오른 생각은 '변이'였다. 생물의 다양성은 이렇게 환경에 적응하며 변이의 과정을 자연스럽게 거칠 때 가능한 일이라는 것을 새삼 알게 되었다.

『고래들의 노래』는 공생을 말하는 그림책이다. 바닷가에 사는 릴리에게는 할머니와 할머니의 남동생인 할아버지가 있다. 할아버지는 고기와 기름을 얻기 위해 고래를 잡는다는 '이용'에 가치를 둔 분이다. 할머니는 고래에게 뭔가 선물을 하고 기다리면 고래의 노래를 들을 수 있다고 하며 자연과 소통하는, 자연과 함께하는 '공생'을 이야기한다. 릴리는 할머니의 공생 관점을 선택한다. 예쁜 꽃을 바다에 선물로 띄우고 고래의 부름을 기다

『고래들의 노래』

다이안 셀든 글, 개리 블라이드 그림, 비룡소, 1996

자연을 대하는 두 가지 관점을 보여 주는 책. 자연이 이용의 대상인지, 공생의 대상인지 생각하게 한다.

린다. 종일 바다만 바라보며 기다리는 릴리를 할아버지는 '바보 멍청이 짓!'이라고 한다. 그날 밤 릴리는 이상한 소리에 깨어 바닷가로 나간다.

우리는 어떤 어른이 되어야 할까? 명확한 것을 좇느라 두리뭉실한 이야기는 답답했던 적이 있다. 그런데 어느 순간부터인가 똑 부러지는 말이 날카롭게 느껴졌다. 우리는 동화 속 이야기에서도, 두리뭉실한 이야기에서도 삶의 지혜를 발견한다. 프레드릭 할아버지가 릴리를 염려하고 걱정하며 사랑하는 것은 할머니 못지않다. 그럼에도 할아버지의 진심은 릴리에게 다가가지 않는다.

식물이어도, 물고기이어도, 곤충이어도 좋다. 가만히 들여다보며 '신기롭다' 여길 줄 아는 아이가 얼마나 소중한지 모른다.

생명을 바라볼 때에 사랑의 눈빛으로 지켜볼 줄 아는 진득함이 우리에게 필요하다.

『누가 숲을 사라지게 했을까?』와 『약속』을 함께 이야기하려 한다. 두 책 모두 '실천 약속'을 다짐하는 내용이다.

『누가 숲을 사라지게 했을까?』는 제목에서 문제를 제기하므로 독자는 대답을 준비하게 된다. 책을 읽다 보면 숲에 가서 나

『누가 숲을 사라지게 했을까?』

임선아 글·그림, 와이즈만 영재교육연구소 감수, 와이즈만북스, 2013

숲은 다양성이 보존되어야 하는 곳인데, 인간의 편리한 생활로 숲이 줄어들고 있는 구체적 사례를 보여 준다.

『약속』

니콜라 데이비스 글, 로라 칼린 그림, 서애경 옮김, 사계절, 2015

약속을 지킴으로 삶이 나아지고 환경이 살아나니, 힘을 보태는 내가 되어야 한다고 한다.

뭇가지 한 번 자른 적이 없는데 숲을 사라지게 한 범인이 바로 '나'란다.

왜? 우리가 일상에서 사용하는 물건들로 인하여 숲이 사라진다는 것이다. 우리가 한 번 쓰고 버리는 나무젓가락, 헤프게 쓴 공책, 새 핸드폰, 햄버거, 과자, 새우튀김, 라면 때문이라고 한다. 이런 물건에서 자유로운 사람이 있을까? 숲을 사라지게 하는 이유는 이것만이 아니겠지만 그림책에 등장한 소비품만이라도 내 주변에서 멀어지도록 하는 것이 우선일 것이다.

이 책은 면지의 의미를 이해하고 넘어가야 한다. 앞뒤의 면지는 같은 그림인데 숲이 인간의 폐 모습으로 그려져 있다. 한쪽 폐를 빼곡히 채웠을 숲은 이미 3분의 1이 사막으로 변하였으며, 한구석에서는 산불로 또 사라지고 있다.

『약속』은 극적인 스토리텔링이 있어 아이들이 좋아하는 책이다. 우리는 수없이 많은 약속을 하고, 계획을 세우며, 실천하려 노력한다. 이 책은 다른 사람과, 나 자신과 한 다양한 약속 중에 사회의 발전을 꾀하고 지구 환경을 보호하기 위하여 실천하고 있는 게 무엇인지 묻는다. 그러면서 이 대의의 약속을 실천하면 환경이 살아나는 것은 물론 자신의 삶도 건져 올릴 수 있다고 말한다.

음산하고 스산한 회색의 도시에서 윤택하지도 행복하지도

않았던 소녀는 남의 호주머니를 터는 일로 연명하듯 하루를 산다. 어느 날 밤 혼자 있는 노부인의 빵빵한 가방을 낚아채려 하자, 노부인은 이상한 말을 한다. "네가 이걸 심겠다고 약속하면, 놓아 주마." 영문을 모르는 소녀는 "알았어요. 약속해요."라고 말하고, 빵빵한 가방은 소녀의 것이 된다.

가방을 열어 보니 흠 없이 온전한 도토리가 한가득 들어 있다. 소녀는 도토리 숲 하나가 통째로 온 것을 깨닫는다. 도토리 가방을 베고 든 잠은 푸른 잎이 너울거리는 꿈으로 이어졌다. 다음 날부터 소녀는 빈터를 찾아다니며 도토리를 한 알 한 알 심기 시작한다.

약속을 지킨다는 것은 그리 쉬운 일이 아니다. 지속적인 실천의 약속은 습관으로 가야 한다. 사회를 이롭게 하는 약속은 대부분 이런 약속이다. 계속 실천하기 어렵고, 남이 알아주지도 않고, '유난하다' 욕 얻어먹기 쉽고, 지친다. 그런데 그 일에 동참자가 생기면 힘을 얻게 된다. 옳은 일에 손을 얹어 주고 함께 힘을 보태는 일은 그래서 중요하다.

2015년 제70차 UN 총회에서 결의한 지속가능발전목표(SDGs: Sustainable Development Goals)는 지속 가능한 발전의 이념을 실현하기 위해 만든 인류 공동의 목표다. 지속가능발전목표(SDGs)는 '단 한 사람도 소외되지 않는 것(Leave no one behind)'이란 슬로건과 함께 인간, 지구, 번영, 평화, 파트너십이라는 5개 영역에서 인류가 나아가야 할 방향성을 17개 목표와 169개 세부 목표로 제시하고 있다.

17개의 목표는 '빈곤 퇴치, 기아 해결, 건강과 복지, 양질의 교육, 양성평등, 깨끗한 물과 위생, 적정 가격의 깨끗한 에너지, 좋은 일자리와 경제 성장, 산업·혁신 사회 기반 시설, 불평등 해소, 지속 가능한 도시와 공동체, 책임감 있는 소비와 생산, 기후 변화 대응, 해양 생태계 보전, 육상 생태계 보전, 평화·정의 강력한 제도, 지구촌 협력 확대'다. 나무 한 그루 심는다는 약속도 중요하고, 세계 생태 시민으로 지속 가능 발전 목표에 공감하고 동참하는 것도 중요하다.

마지막으로 『생명의 무게』를 살펴보고자 한다. 이 책은 『인권 감수성을 기르는 그림책 수업』을 쓰는 과정에서 한 꼭지 다루고 싶은 책이었다. 절판에, 세트로 판매한 책이라 쉽게 구할 수 없었다. 인쇄가 넘어가고 난 뒤에 그림책이 손에 들어왔다. '인권 감수성'으로 이야기하고 싶었던 책을 왜 '생태 감수성'을 기르는 내용에 언급하려 하는 걸까? 바로 '생명'을 이야기하고 있기 때문이다. 인권 감수성이나 생태 감수성이나 모두 '생명의 소중함'을 말한다. 이 이야기의 바탕은 석가모니의 '깨달음의 순간'을 말하며, '생명', '평등', '종평등(種平等)' 사상까지 아우를 수 있다.

석가모니가 보리수 아래에서 수도하는 중에 참새 한 마리가

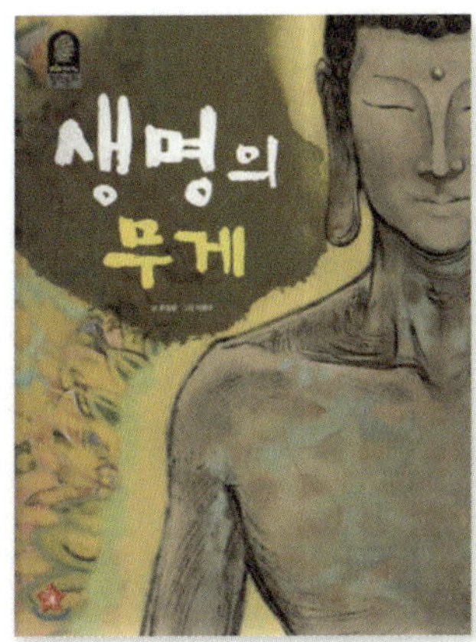

『생명의 무게』

류일윤 글, 이형주 그림, 글뿌리, 2017

부처님이 '생명의 무게'를 깨닫게 되는 이야기로 모든 생명은 똑같음을 이야기한다.

날아와 살려 주길 간청한다. 아귀가 쫓아오고 있다는 말에 석가모니는 구해 주겠노라 약속하고 아귀를 상대한다. 아귀는 자신의 먹이를 살리겠다면 그와 같은 먹을 걸 내놓으라 하며 저울을 꺼낸다. 이 저울의 무게가 같아지면 산새를 살려 준다고 한다. 석가모니는 넓적다리 살을 잘라 올리지만, 산새 쪽으로 기울어진 저울은 미동도 없다. 석가모니가 반대편 넓적다리 살을 올려놓아도 변화가 없다. 석가모니는 눈을 감고 생각에 잠겼다가 비틀비틀 일어난다.

아귀의 저울은 무게의 저울이 아니라 '생명의 저울'이다. 크기와 상관없이, 무게와 상관없이 하나의 생명에 하나의 생명이 올라와야 수평이 되는 저울이다. 우리가 교육의 기본 가치를 '생명의 소중함'에 둔다면, 아이들이 어려서부터 생명을 소중하게 여기도록 하는 교육을 다양하게 한다면, 현재 우리가 접하고 있는 인권의 문제나 환경 오염, 생물 다양성이 훼손되는 문제나 멸종에 대한 염려는 지금과 같지 않을 것이다.

그림책을 읽고 나서 아이들에게 감상을 물으니 대부분 놀라고 인상적이라는 반응이다. 지구에 사는 사람이 하루에 쓰는 화장지가 달까지 200번 왕복할 수 있는 양이라거나, 과자와 햄버거를 만들려고 나무를 벤다는 사실을 알게 된 것이다. "바퀴벌레, 파리, 모기 같은 해충이 싫은데 그 곤충들과도 함께 살아야 하나요?"라는 질문도 나왔다. 익충이냐, 해충이냐 판별하는 것은 사람이다. 생태계에는 '이익'이나 '해로운'이라는 개념이 없다.

생태 감수성 기르기

2022년에는 교실에서 '배추흰나비 한살이'를 여러 번 되풀이했다. 과학실에서 올라온 케일에 애벌레 한 마리만 있었다. 케일 잎이 많이 남아 번데기가 된 후에 옆 반에서 두 마리 분양해 와 한살이 과정을 거쳤다. 그래도 케일 잎이 남아 화분을 화단에 놓았다. 교실에 가져와 기르던 어느 날 보니 애벌레 세 마리가 돌아다닌다. 월, 화, 금요일에 각각 번데기가 되고, 다음 주 화, 수, 목요일에 흰나비가 나왔다. 아이들은 점심시간마다 밖으로 나가 날려 주며 환호성을 질렀다.

도심에서 생태 전환 교육은 체험적이지 못하다. 산이 가까이 있는 것도 아니고 계곡이 있는 것도 아니고 텃밭이 있는 것도 아니다. 우리 반 아이들과 하는 방법은 교실에 살아 있는 무엇인가가 있도록 하는 것이다. 개인 화분에 식물을 키우고, 구피를 기르고, 나비 한살이 과정을 보았다. 재미있는 건 아이들의 반응이다. 집에서 기르는 달팽이가 등교하여 아이들의 관심과 사랑을 받았다. 등굣길에 만나는 어떤 생물은 아이들 손에 올라와 교실 구경을 한 바퀴 하고 내려가기도 한다. 개미도 친구고, 쥐며느리도 친구다. 야생 달팽이를 교실에서 기르게 해 달라고 하는 아이들에게는 그건 아니라고 했다. 그럼에도 흡족하게 바라볼 수 있는 이유는 그 마음자리가 예쁘기 때문이다. '더럽다, 무섭다' 거리감을 두기보다는 '예쁘다, 신기하다'가 먼저 나온다. 그리고 다시 자연으로 돌려보낸다.

그림책으로 생태 전환 교육을 할 때 답답할 수도 있다. 자연으로 들어가 그들의 삶을 직접 목격하고 체험적으로 '공존'을 배울 수 있다면 더없이 좋다. 그러나 여건이 안 된다고 포기하거나 미룰 수 없는 것이 우리의 현실이다. 관련된 그림책은 코로나19로 엄청나게 늘어났다. 코로나19를 기후 위기의 한 현상으로 보고 어떻게 해야 하는가에 관심이 집중되었기 때문이다.

방학을 앞둔 어느 날 그동안 읽은 그림책의 주제들을 칠판에 적으며 이야기를 나누니 참으로 많은 책이 우리 곁을 지나갔다는 생각이 들었다. 아이들은 말할 때마다 책을 떠올리며 웅성거렸다. 우리의 삶이 기후와 밀접하게 연결되고 생명체가 서로 그물처럼 연결되어 지탱하고 있다는 것을 어렴풋이나마 알게 된 것이다. 아이들이 학년이 올라갈수록 더욱 확실하게 이해하고 행동하며 성장하리라 믿는다.

외부 선생님이 진행하는 생태 수업 때의 일이었다. 선생님이 손수건을 쓰자는 제안을 했는데, 우리 반 아이들이 "여기 있어요!" 하면서 너도나도 손수건을 꺼내 흔들었다. 나도 "저도 여기 있어요!" 하며 손수건을 흔들었다. 손수건을 자연스럽게 꺼내 땀을 닦고, 다회용 물병에 물을 담아 마시고, 비닐이나 종이가 생기면 나에게로 가지고 오는 아이들이다. 작은 실천이지만 함께 마음을 보태 주니 참 감사하다.

함께 읽어요

생태 교육을 주제로 한 그림책

- 『200살 거북이 이야기』(다니엘 김, 벤자민 김 글·그림, 인테그럴, 2017)
- 『그날 아침, 여행이 시작되었습니다』(바루 글 · 그림, 여유당, 2021)
- 『그러던 어느 날』(전미화 글·그림, 문학동네, 2019)
- 『근육 아저씨와 뚱보 아줌마: 숲』(조원희 글 · 그림, 사계절, 2022)
- 『근육 아저씨와 뚱보 아줌마: 호수』(조원희 글·그림, 사계절, 2022)
- 『나무를 심은 사람』(장 지오노 글, 프레데릭 백 그림, 두레아이들, 2012)

- 『내일의 숲』(로지 이브 글·그림, 베틀북, 2021)
- 『노인과 말코손바닥사슴』(게르제르기무게 흑학 글, 구아 그림, 고인돌, 2020)
- 『송이와 꽃붕어 토토』(다시마 세이조 글 · 그림, 한솔수북, 2022)
- 『아빠한테 가고 싶어요!』(유다정 글, 주보희 그림, 미래아이, 2018)
- 『아주 먼 바다 외딴 곳 작고 작은 섬에』(마거릿 와일드 글, 비비안 굿맨 그림, 책과콩나무, 2014)
- 『어디에든 우리가 있어』(김혜정 글 · 그림, 리리퍼블리셔, 2021)
- 『지하정원』(조선경 글·그림, 보림, 2005)

적정기술을 주제로 한 그림책

- 『공정무역, 행복한 카카오 농장 이야기』(신동경 글, 김은영 그림, 사계절, 2020)
- 『적정기술』(임정진 글, 심성엽 그림, 미래아이, 2020)
- 『행복은 어떤 맛?』(쓰지 신이치 글, 모리 마사유키 그림, 너머학교, 2017)

3장

늦기 전에
우리가 나서야 해요

신음하는 바다

온난화의 상처를 끌어안은 바다

육지와 비교해 바다는 온도 변화의 속도가 느리다. 하지만 육지와 바다가 지구 표면에서 차지하는 비율, 즉 지표면 비율은 29:71로 온난화로 높아진 열은 대부분 바다가 흡수한다. 대기 중에 있던 온갖 먼지는 물론, 중금속까지도 비와 함께 바다로 흘러간다. 바다의 수온 상승은 곧바로 기상 변화로 이어지는 걸 우린 태풍 '힌남노'로 경험했다.

바다는 육지보다 생물 다양성이 높은 곳이고, 온난화를 일으키는 원인 중 하나인 이산화탄소를 육상의 식물이 흡수하는 양보다 훨씬 많이 흡수하는 곳이다. 또 늘어나는 인구, 기후 변화가 불러오는 작황의 불균형 문제를 해결할 중요한 식량 자원의 보고라고 할 수 있다. 그런데 지구의 마지막 희망인 바다가 회복 불가능한 몸살을 앓고 있다.

가장 큰 변화는 바다의 수온 상승이다. 우리나라는 그동안 온대 기후였다. 바다의 생태계도 온대 기후에 서식하는 생물 특징을 보였다. 그런데 수온이 높아지며 아열대 바다에 서식하는 생물들이 등장했고, 전반적인 환경도 빠르게 아열대로 변하고 있다. 아열대 기후에 사는 생물이 이동하고 기온이 바뀌는 정도라면 별일 아니라고 생각할 수도 있지만, 바다 대부분이 아열대로 바뀐다면 생물 다양성은 확 줄어들게 되고, 해양 생태계는 더욱 불안해진다. 더불어 바다의 수온 상승은 기후 변화의 변수로 작용하는 악순환이 벌어지기도 한다.

우리나라 날씨에 많은 영향을 주는 엘니뇨와 라니냐는 에너지와 물이 교환되는 과정에서 나타나는 자연적 기후 현상으로, 저위도 태평양과 지구 대기 사이에서 발생한다. 오래전부터 엘니뇨와 라니냐는 주기적으로 시소처럼 번갈아 나타났다. 엘니뇨는 스페인어로 '남자아이' 혹은 '아기 예수'라는 뜻으로, 크리스마스를 전후해 페루 연안에 차가운 바닷물이 상승하는 '용승' 현상이 저조하여 해수면의 온도가 올라가는 현상이다. 엘니뇨 현상이 일어나면 페루 해안의 온도가 상승하고, 북서 무역풍이 약해지면 중앙 태평양에서 상승 기류가 형성돼 서태평양에서는 가뭄 현상이, 동태평양에서는 홍수, 폭설, 한파 현상이 일어난다.

반대로 같은 해역에서 수온이 계절적인 평균치보다 비정상적으로 낮아지는 현상은 라니냐이다. 라니냐는 '여자아이'를 뜻한다. 이때는 무역풍이 강해져 서태평양에 상승 기류를 형성해 이 지역에 홍수, 장마가 이어지며, 동태평양에 가뭄 현상이 일어난다. 2022년 겨울, 수온이 내려간 해류가 서쪽으로 퍼지는 라니냐의 영향을 받아 우리나라에 차고 건조한 추위를 몰고 오기도 했다.

엘니뇨와 라니냐로 생기는 기상 변화는 태평양 한가운데서 일어나지만, 세계 기후 변화에 영향을 미친다. 지구 온난화로 엘니뇨와 라니냐, 태풍의 세력이 강해지고 있다. 발생 주기(빈도), 발생 기간, 세력은 일정하지 않고 지구의 상태에 따라 변하는데, 지구 온난화는 이들에 '슈퍼'라는 말이 붙도록 영향을 미친다.

수온만이 바다를 힘겹게 하는 요소일까? 아니다. 인간 활동이 문제다. 인간이 만들어 낸 수많은 쓰레기의 종착역은 바다다. 소비를 권장하는 현대 사회는 엄청난 쓰레기를 양산하고 있다. 분리수거를 하고 재활용을 한다고 하지만 그 양은 아주 미미하며 쓰레기 대부분은 태워지거나, 땅에 묻히거나, 바다로 향한다. 특히 바다로 간 비닐과 플라스틱은 바다 생태계를 교란하고, 떠다니다 해류의 영향으로 뭉쳐 제거 불가능한 '플라스틱섬(아일랜드)'을 형성했다. 또 햇빛의 영향을 받아 조각난 플라스틱은 미세플라스틱을 만들어 생명체를 위협하고 있다.

물고기의 어획량을 매해 최고 수준으로 끌어올리고 있는 일도 문제다. 가족만의 먹거리를 획득하기 위해 물고기를 잡을 때는 어느 정도 자란 것만 취하고 나머지는 되돌려 보냈다. 하지만 돈벌이로 하는 어업은 어군 탐지기 같은 최첨단 장비를 장착하고 씨를 말리듯이 잡아들인다.

푸른 바다가 보이는 모습 그대로, 아름답고 괜찮은 생태계가 아니었던 셈이다.

내 눈에 안 보인다고 없는 것이 아닌 세상

부산이 고향인 선배는 바닷가 이야기를 자주 한다. 부산의 서늘한 여름 이야기, 눈 구경하기 힘든 겨울 이야기, 바다로 이어지는 해안 이야기, 해안가 아파트의 가격과 풍광 이야기 등 다양하다. 그중 태풍이 찾아왔을 때의 이야기도 한몫한다. 풍광을 생각해 지은 해안가의 아파트가 태풍의 센바람을 만나면 어떻게 되는지, 태풍이 지나가고 나면 해안은 어떤지 말한다.

우리 반 아이가 추천해 준 『잘 가, 비닐봉지야!』(양서윤 글, 이다혜 그림, 초록개구리, 2021)는 아름다운 섬 발리에 비가 그치고 나면 해안을 뒤덮는 쓰레기와 비닐봉지 문제를 해결하기 위해 어린이가 시작한 실제 환경 운동('Bye Bye, Plastic Bags', 비닐봉지 없는 발리)을 바탕으로 한 책이다. 비 온 후 밀려오는 쓰레기는 우리나라만의 이야기가 아니다. 맑은 날에는 보이지 않던 쓰레기가 어디에서 온 것일까?

2019년 3월 말 이탈리아의 휴양지인 한 섬의 해안가에서 8m의 암컷 향유고래가 숨진 채 발견되었다. 부검 결과 배 속에서 22kg의 플라스틱 쓰레기가 발견되었다. 필리핀 남부에서는 숨진 새끼 고래의 배 속에서 40kg의 플라스틱 쓰레기가 나오기도 했다. 빨대가 꽂힌 거북이, 비닐로 졸리고 있는 바다사자 등 헤아릴 수 없이 많은 바다 생물이 인간이 버린 쓰레기로 생을 마감하거나 불편을 겪고 있다.

바다 이야기를 플라스틱과 연결한 그림책은 많다. 내가 선택한 책은 『어뜨 이야기』다. 이 책의 배경은 앞서 말한 고래의 배 속과 관련되어 있다. 읽고 나면 마음이 불편하다. 우리는 불편한 진실과 마주해야 한다. 보이지 않는다고 없는 것이 아니기 때문이다.

주인공 어뜨는 언어가 자유롭지 않다. '어뜨'라는 말만 할 수 있어 모두 '어뜨'라고 부른다. 아름답고 조용한 섬에 죽은 고래가 밀려오면서 섬은 예전의 아름다운 그 섬이 될 수 없었다. 마지막 장면에서 어뜨는 함께 다니는 돼지 '꾸'를 찾으며 울부짖는다. 작가의 말에 의하면 '어뜨'는 지구 '어스(earth)'를 생각하며 지은 이름이라고 한다.

도대체 고래의 배에서 무엇이 나왔기에 섬이 변하였을까? 알

『어뜨 이야기』

하루치 글·그림, 현북스, 2019

섬에 사는 어뜨는 해안가에서
책이 들어 있는 빨간 상자를 주웠다.
책에는 뭍의 모습을 찍은 사진이
많았다. 어뜨는 섬에 없는 사진 속
물건들을 보며 뭍의 생활이 궁금했다.
그러던 어느 날 커다란 고래가
죽은 채 해안으로 밀려왔다.
고래에게 어떤 일이 있었던 것일까?

록달록한 것들, 다양한 용도로 무한 변신하는 알록달록한 것들. 빨대로, 컵으로, 솔로, 봉지로, 의자로, 물고기 잡는 어구로, 상자로 무한 변신한 플라스틱. 이 플라스틱이 향유고래를 쓰러뜨렸고, 바다 생물을 쓰러뜨렸고, 죽음의 바다를 만들었고, 지구를 슬프게 했다.

그림은 참 아름답다. 빨강만 강렬하게 표현하고, 섬의 풍광은 우아하고 아름답게 그렸다. 그러다 고래에서 나온 온갖 플라스틱에 강렬한 색을 부여하여 어느 곳에서도 그것이 강렬하게 보이도록 배치했다. 작은 것도 선명하게 보이도록 하여 자연의 색이 묻히도록 신경 썼다. 바로 독자가 어뜨의 터전을 '문명의 쓰레기 섬'으로 느끼도록 하여 뭍에 사는 독자가 이 섬을 이렇게 만든 장본인이라고 말하는 듯하다.

지구 어뜨는 지금 울고 있다. 사랑하는 생명체들이 사라지는 것이 안타까워 울고 있다. 더 이상 자신의 힘으로 지구의 위기를 어떻게 해 볼 수 없어서 울고 있다. 다가올 미래가 불안하여 울고 있다. 그 엄청난 무고한 생명이 사라질 위기를 맞이할 수밖에 없어서 지구는 울고 있다. 작가의 비유와 상징이 오래 마음에 머물렀다. '정말 방법이 없는 것은 아니지요. 우리가 덜 쓰고 불편한 생활을 해야 한다면, 할게요. 그렇게 할게요. 편안함만 추구하지 않을게요.' 지구를 끌어안고 위로하며 다짐하고 싶다.

『바다의 생물, 플라스틱』(아나 페구, 이자베우 밍뇨스 마르칭스 글, 베르나르두 카르발류 그림, 이나현 옮김, 살림어린이, 2020)에서는 플라스틱을 하나의 생명체로 바라봤다. 스스로 복제하는 능력은 없으나 인간 활동으로 결코 줄어들지 않기 때문이다. 작가들은 이 플라스틱에 학명을 부여했는데 '플라스틱쿠스 마리티무스(Plasticus maritimus)'다. 플라스틱을 전 세계 바다와 해안가에서 발견할 수 있어 '마리티무스'를 붙였는데 마리티무스는 라틴어로 '바다의'라는 뜻이다.

기름 유출 사고는 누가 책임지나?

2007년 12월 7일, 삼성중공업 크레인과 현대 오일뱅크의 허베이스피리트(Hebei Spirit)호가 충돌해 원유 약 1만 2,547kℓ가 유출되었다. 이 사고는 국내에서 가장 심각한 해양 오염 사고로 기록되었다. 삼성중공업은 침묵과 책임 회피로 일관하고, 정부의 빗나간 예측과 방제 전문성 부족으로 초기 진화에 실패했다. 그러는 사이 기름은 해안을 덮쳤고, 추운 겨울에 두 손 걷어붙이고 나선 123만 명의 자원봉사자가 기름띠를 제거하기 위해 태안으로 향했다. 언론은 책임자를 추궁하는 태도보다는 미담을 전달하는 방향으로 나아갔고, 아무도 책임지려 하지 않는, 정부가 기업의 눈치를 보는 사건으로 변해 명칭도 '삼성-허베이 스피리트(Hebei Spirit)호 기름 유출 사고'가 아닌 '태안 기름 유출 사고'로 변했다.

해안 가까이에서 일어난 기름 유출 사고는 시간을 다투어 초기 진화에 힘써야 한다. 퍼져 나가지 못하도록 띠를 두르고 물 위에 뜬 기름을 퍼내야 한다. 퍼내기 어려울 때는 흡착포를 덮어 제거해야 한다. 이 과정을 제대로 하지 못해 기름이 해안을 덮쳤다. 모래사장, 바위틈으로 스며들었고, 자원봉사자들은 그 강한 기름 냄새를 맡으며 해안 구석구석을 닦아 냈다.

육지의 인근 해역에서 발생한 기름 유출 사고는 해안에 사는 사람들의 생계와 밀접하게 연결되어 있어 그나마 신속하게 대응한다. 드넓은 바다 한가운데나, 어느 나라의 영해에도 해당하지 않는 바다에서 기름 유출 사고가 나면 어떻게 될까? 그 누구도 신경 쓰지 않는다. 너무 먼 바다라서, 자국의 영해가 아니라서 신경 써 해결하지 않는다. 바다의 아픔이 추가될 뿐이다.

기름 유출 사고를 주제로 선택한 그림책은 『인어는 기름 바다에서도 숨을 쉴 수 있나요?』다. 책의 배경은 '삼성-허베이스피리트호 기름 유출 사고'로, 본문에서 직접 드러내지는 않으나 해설을 보면 작가는 그 사건을 이야기한다.

주인공 연지는 할머니와 산다. 할머니 말로는 엄마가 바다를 좋아했기 때문에 인어가 되었을 거라고 한다. 연지는 매일 바닷가에 나가 할머니가 말해 준 엄마의 친구 뿔논병아리와 물범에게 엄마 이야기를 하며 지낸다. 그러던 어느 날 커다란 배에서 기름이 새어 나왔고 바다를 검게 만들었다. 모두 다 죽고 말 거란 말대로 따개비도, 갯가재도, 물범도, 뿔논병아리도 죽었다. 연지는 인어인 엄마가 걱정되어 눈물이 그치지 않는다.

도시에 나갔던 아빠가 돌아와 사람들을 설득했다. 우리에겐 바다가 희망이라고, 바다를 살려 내야 우리가 산다고 말하며 기름을 닦아 내기 시작한다. 연지도 고사리손으로 기름을 닦아 낸다. 엄마가 하루라도 빨리 친구를 보낼 수 있도록 연지는 얼굴이 꽁꽁 어는 것을 참으며 열심히 기름을 닦는다.

엄마의 죽음을 '인어로의 변신'으로 설명하는 할머니의 지혜가 가슴 뭉클하게 한다. 왜 인어를 볼 수 없느냐는 연지의 질문에 무심한 듯 인어는 사람 눈에 띄면 안 되니 연지에게 친구를 보내는 것이라고 설명해 주시는 할머니 곁에서 연지는 어떤 어

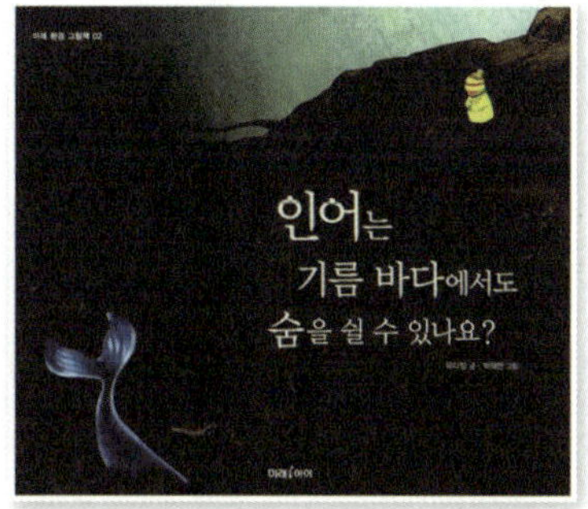

『인어는 기름 바다에서도 숨을 쉴 수 있나요?』

유다정 글, 박재현 그림, 미래아이, 2008

유조선 원유 유출 사고로 힘든 바다를 구하기 위해 노력하는 사람들의 이야기이다. 그 뜻을 이어 가고 있는 비치 코머(beach comber)가 되라고 우리에게 주문한다.

른으로 성장할까? 삶과 죽음을 '단절'이 아니라 '연결'로 이어 주시는 할머니가 참으로 감사하다. '겁나고 무서운 사건'을 '아름답고 따뜻한 이야기'로 버무린 작가의 솜씨가 놀랍고, 아름답다.

1978년 3월 16일, 프랑스 브르타뉴 지방의 포르살 마을 앞바다에서 원유를 싣고 가던 유조선 '아모코 카디즈호'가 암초에 부딪치며 기름 22만 7,000t이 바다로 퍼져 나가 200km가 넘는 프랑스 해안이 오염되었다. 이 사건을 배경으로 한 그림책 『바다가 까매졌어요』(마리 렌푸케 글, 마르조리 베알 그림, 푸른숲주니어, 2019)를 함께 읽어도 좋다.

두 작품은 사건 기록에 차이를 보인다. 기름 유출 사건과 같은 대형 사건을 지칭하는 공식 명칭은 사건을 일으킨 배의 이름으로 기록된다. 사회적 책임을 상기시키려는 의도에서다. 『인어는 기름 바다에서도 숨을 쉴 수 있나요?』에서는 배의 이름 없이 '유조선'으로 표현되어 있으나, 『바다가 까매졌어요』에서는 엄마 기억 속의 사건을 '토리 캐넌호', 작품 속 현재 사건을 '아모코 카디즈호'라고 분명하게 서술했다. 사건명을 서사에 넣음으로써 우리는 작품에서 역사성을 느끼기도 하지만 사건 관련 회사도 함께 기억하며 기업의 환경 의식, 사회적 책임, 투명한 지배 구조(ESG 경영)를 생각하게 된다. 명칭은 정확하게 붙이고 사용해야 한다.

학생들과 그림책 읽은 소감을 나눠 보면 대체로 '마음이 아프다', '충격이다'라고 말한다. 순식간에 바다 생물을 죽게 만드는 거대한 규모의 기름 유출 사고가 있었음을 알았다는 이야기도 나누었다. 우리나라에도 그런 사건이 있었다는 점, 평범한 사람들이 바다를 살리려 나섰다는 점을 깨달은 학생들은 '자원봉사자들처럼 바다를 살리는 사람이 되고 싶다'고 입을 모은다.

생태 감수성 기르기

새 학년 첫날, 아이들에게 텀블러 사용을 강조하고 학부모님께 나가는 편지에도 물병을 가지고 다니게 하도록 부탁드렸다. 나는 물을 사 먹는 습관을 한참 전에 버렸다. 지난 학교에서 코로나19로 공동 식수인 아리수를 차단하면서부터 정수기가 있는 2층으로 물병을 들고 다녔다. 다행히 2022년은 사회적 거리 두기

완화로 아리수가 열렸다. 시원한 아리수 물을 텀블러에 담아 놓고 마시니 좋다. 나만 그런 것이 아니리라.

미술 수업과 미술 치유 활동으로 2주간 점토, 석고 수업을 진행했다. 책상이 지저분해지지 않도록 신문을 접어 두 겹으로 깔고 작업했다. 작업이 끝나고 나면 먼지는 쓰레기통에 털고 신문은 접어 종이 분리수거함에 넣었다. 비닐을 깔고 수업할 수도 있으나 난 그렇게 하고 싶지 않았다. 아이들에게 그 점을 설명하고 진행했다. 친환경적으로 판단하고 행동하기는 일상생활에서 수없이 반복해야 한다.

이번 주제는 '아픈 바다'의 이야기지만 바다 생태계를 위한 우리의 행동은 거창한 것이 아니다. 그저 일상의 소소한 행동을 바꿔 나가는 것이 바다를 위하는 일이라고 강조하며 내 행동을 어떻게 바꿀 것인지를 생각했다.

아이들은 플라스틱, 세제나 샴푸, 비닐봉지를 줄여야겠다는 쪽으로 의견을 모았다. 어떤 학생은 부모님의 가방 안에 늘 장바구니가 들어 있다며 꽤 구체적인 실천법을 알려 주기도 했다.

"선생님도 그래요. 김밥 사는데 '젓가락 넣어 드릴까요?' 물어보시는 분이 참 고마웠어요. 묻지도 않고 넣어 주시면 필요하지 않은데 가져오는 경우가 있거든요. 선생님은 그런 분께 '필요 없어요. 먼저 물어 주셔서 감사합니다.' 하고 인사해요. 인사를 나누고 나면 기분이 좋아져요. 사소하지만 젓가락 하나 절약했다는 생각이 들어서요."

그 큰 바다를 우리의 손으로 완전히 깨끗하게 할 수는 없지만, 내 사소한 행동 하나하나가 더 나빠지지 않게 할 수 있음을 마음에 새기는 것이 중요하다는 생각이 든다. 아이들이 말하는 사소한 행동을 칭찬하며 그 행동이 지구를 살리는 행동이야, 그 행동이 바다를 살리는 행동이야, 칭찬하는 시간을 가졌다. 플라스틱 바다와 관련된 그림책과 영상을 본 뒤 아이들은 소감을 적었다.

나는 바다에 쓰레기가 이렇게 많은 줄 몰랐다.
겉으로 볼 땐 바다가 깨끗해 보였다. (권*민)

바다에 쓰레기를 버리지 마세요.
플라스틱이 잘게 부서져 '미세플라스틱'이 만들어집니다.
이 미세플라스틱을 물고기가 먹고, 그 물고기를
큰 물고기가 먹고, 다음엔 우리가 물고기를 먹습니다.
결국, 우리가 미세플라스틱을 먹는 것입니다. (임*민)

함께 읽어요

바다를 주제로 한 그림책

- 『고래를 삼킨 바다 쓰레기』(유다정 글, 이광익 그림, 와이즈만북스, 2021)
- 『고래야 사랑해』(바루 글 · 그림, 올리, 2021)
- 『바다가 난장판이 되었어요』(미셸 러드 글, 줄리아 블랫만 그림, 푸른숲주니어, 2021)
- 『바다가 살아났어요』(리누스 크뤼거 글, 베네딕트 슈나이더 그림, 북앤솔루션, 2021)
- 『바다로 간 빨대』(김영미 글, 조히 그림, 아이앤북, 2020)
- 『바다를 담은 그림책』(샬롯 졸로토 글, 웬델 마이너 그림, 보물창고, 2007)
- 『바다를 병들게 하는 플라스틱』(시르스티 블롬, 예이르 빙 가브리엘센 지음, 생각하는책상, 2018)
- 『바다야 우리가 지켜줄게』(아망딘 토마 글 · 그림, 휴먼어린이, 2021)
- 『바다 이야기』(아누크 부아로베르, 루이 리고 지음, 보림, 2015)
- 『우주 쓰레기』(고나영 글, 김은경 그림, 와이즈만북스, 2021)
- 『플라스틱 섬』(이명애 글 · 그림, 상출판사, 2020)
- 『플라스틱 아일랜드』(김은경 글 · 그림, 파란정원, 2017)
- 『플라스틱이 온다』(빅토리아 퍼즈 글 · 그림, 한울림어린이, 2020)
- 『플라스틱 지구』(조지아 암슨-브래드쇼 글 · 그림, 푸른숲주니어, 2019)
- 『할머니 용궁 여행』(권민조 글 · 그림, 천개의바람, 2021)

기름 유출을 주제로 한 그림책

- 『바다가 까매졌어요』(마리 렌푸케 글, 마르조리 베알 그림, 푸른숲주니어, 2020)
- 『아픈 바다』(엄정원 글 · 그림, 느림보, 2012)
- 『안녕, 나의 고래』(장은혜 글 · 그림, 크레용하우스, 2021)
- 『피터의 바다』(셜리 그린드레이 글, 마이클 폴먼 그림, 정인, 2010)

어제보다 쓰레기를 줄이기 위하여

지금은 소비가 미덕인 시대가 아닙니다

의식주, 이 세 글자가 요즘은 매우 복잡해졌다. '의'는 계절에 맞아야 하고 예의를 갖춘 듯 보여야 하고 매일 다르게 입을 수 있어야 하며 운동할 때, 산에 갈 때, 잠잘 때 등에 따라 다른 기능을 발휘해야 한다. 머리끝에서 발끝까지 착용하는 것은 모두 '브랜드'가 있어 천차만별의 가격대를 형성하기도 한다. '식'은 삼시 세끼의 공식이 무너지는 것처럼 보이나 '야식'이라는 새로운 식사가 등장했다. 집밥이 대세이고, 어머니 손맛이 '기억의 음식'이었던 시대는 지났다. 요즘 아이들은 고기반찬이 없으면 '먹을 게 없다'라고 한다. 다양한 먹거리는 입맛을 변하게 했으며, 외식과 배달 음식이 대세가 됐고, 밥도 사서 데워 먹는다. '주'인 집은 바람을 막아 주고 등 따뜻한 공간만을 의미하지 않는다. 아파트여야 하고, 각종 가전제품이 갖춰져 있어야 하며, 교통이 편리하고, 주변 학군이 좋아야 하며, 공시지가가 높아 가격 상승세를 탄 집이어야 한다.

이렇게 복잡해진 의식주는 엄청난 소비를 부르고, 그 소비의 흔적이 쌓여 쓰레기가 된다. 눈이 향하는 곳에는 늘 소비를 촉진하는 광고가 따른다. 현대인이 필수품처럼 여기는 핸드폰은 최고의 소비를 조장하고 있다. 코로나19로 비대면 시대를 거치면서 인터넷으로 주문 불가능한 것이 없을 정도다. 자동차를 온라인에서 팔고, 집을 구하는 것도 인터넷 플랫폼을 이용하면 발품을 팔지 않아도 된다. 그러니 옷이나 음식을 구매하는 일은 얼마나 쉽고 편한 일이 되겠는가!

우리나라는 환경을 생각하는 생활 변화를 정부에서 잘 이끌어 나간 편에 속한다. 쓰레기 종량제가 1995년부터 지금까지 잘 실행되고 있으며, 1999년부터는 '쇼핑백보증금제도'로 대규모 마트나 백화점에서 비닐 쇼핑백 사용이 금지되었고 작은 업소에서는 비닐봉지를 유료화했다. 그러나 비닐 사용량은 줄지 않고 있다. 정부 정책과 개인의 실천만으로는 변화를 만들어 내지 못한다. 포장을 줄여 나가도록 정부의 규제와 기업의 협력이 함께해야 한다. 또 재래시장의 비닐 규제도 해법을 찾아야 한다. 장바구니만으로는 안 된다. 생선이나 고기는 용기를 가지고 가서 받아야 하는데 그 습관 들이기가 생각만큼 쉽지 않다.

코로나19의 대유행이 느닷없이 시작되고 소독이 필수가 된 시대를 살다 보니 예상치 못한 쓰레기가 급증했다. 바로 물티슈라는 플라스틱이다. 플라스틱은 어떤 물질과 혼합하느냐에 따라 다른 성질의 플라스틱을 만들어 내는데 종이처럼 보이는 물티슈는 레이온, 폴리에스테르 등 합성 섬유를 압축해 만든 부직포로 재활용이 안 된다. 변기에 넣으면 분해가 되지 않아 막힌다. 이 물티슈가 세정용으로만 쓰이다 알코올 함량을 높여 소독제로 활용하면서 엄청나게 소비되었다. 아이들이 등교하여 제일 먼저 하는 일은 소독용 티슈로 책상 닦기였다. 한 번 사용할 때마다 '저거 플라스틱인데…….'라며 마음이 불편한데 쓰지 말라고 하지 못했다. 거리 두기가 완화될 때, 하교 후 방역팀이 책상을 다 소독하니 물티슈는 사용을 줄이고 액상 손 소독제를 활용하자고 권했다. 쓰레기통으로 들어간 물티슈는 분명 소각로로 들어갈 것이다. 그 많은 플라스틱이 탈 때 나오는 이산화탄소를 비롯한 오염 물질은 어떻게 한단 말인가. 코로나 시국에 전 국민이 하루에 한 장씩 사용한 마스크는 어떻게 할 것인가. 이 또한 플라스틱인 것을.

요즘 우리의 삶을 위협하는 미세플라스틱도 경계해야 한다. 일상적으로 사용하는 플라스틱에서 다량의 미세플라스틱이 나온다. 앞에서 말한 물티슈, 마스크팩, 종이컵, 티백은 우리가 흡수하기 쉬운 미세플라스틱이 다량 나오는 제품이다. 특히 높은 온도에서 사용하는 종이컵과 티백은 이루 헤아릴 수 없을 정도로 미세플라스틱이 나오고 우리는 그걸 자연스럽게 마신다. 몸에 축적된 미세플라스틱이 암세포 성장을 촉진하고, 자폐 스펙트럼 장애 유발 위험이 있다는 연구 결과(한국원자력의학원 김진수 박사)가 있으나, 미세플라스틱이 발견된 지 얼마 안 되어 인체에 어떤 영향을 미치는지는 더 연구되어야 할 부분이다. 하지만 우리가 조심해서 나쁠 것은 없다.

우리가 만들어 내는 쓰레기의 분리배출 방법을 알고 실천하는 것이 중요하다. 현재 재사용이 가능한 쓰레기는 맥주병과 소주병이다. 재활용은 단순한 물질이면 가능하지만, 여러 물질이 혼합된 물건은 불가능하다. 깨끗하게 종류별로 분리하는 원칙을 잘 지켜 분리배출을 하면 재활용 비율을 높일 수 있다. 자원을 아끼고, 환경을 사랑하는 방법은 우리 집에서 나오는 쓰레기가 재사용, 재활용될 수 있도록 철저하게 분리배출하는 것이다. 그런 수고를 덜고 싶다면 소비 자체를 줄여 쓰레기가 생기지 않도록 노력하는 게 바람직하다. 만들어진 쓰레기를 분리수거하고, 처리하는 일에 신경 쓰며 시간과 자원을 낭비하기보다는 쓰레기를 만들지 않는 것이 더 현명하다.

오늘 내가 버린 쓰레기는?

인구 대부분이 도시에 집중되는 현상은 우리나라만의 일이 아니다. 인구학자들은 앞으로 인구의 75%까지 도시에 살 것이라고 말한다. 그 많은 인구가 매 순간 생산하는 쓰레기를 어떻게 처리할지 고민하지 않을 수 없다.

1978년부터 15년간 서울 시민이 버린 쓰레기는 난지도에 쌓였다. 여러 가지 혼합된 쓰레기를 쌓고 눌러 준 뒤 흙을 덮고 다시 쓰레기를 쌓고 흙을 덮는 일을 반복했다. 섬이었던 난지도는 그러는 사이 육지로 편입되었고 생물이 살 수 없는 곳이 되었다. 쓰레기가 썩으며 검은 침출수가 나와 시냇물이 오염되었고, 가스가 생겨 터지기도 하였으며, 악취와 오염으로 그 누구도 얼씬거릴 수 없는 죽은 땅이 되었다. 2002년 월드컵을 치르기 위해 상암월드컵경기장을 지으며 높이 90m의 난지도 쓰레기 산을 공원으로 조성했다. 쓰레기에서 나오는 물을 정화하는 시설을 만들고, 오염된 땅에서도 잘 자라는 억새숲을 조성했다. 현재 두 개의 쓰레기 산은 '노을공원', '하늘공원'으로 불리며 시민들의 휴식처가 되고 있다.

현재 서울시에서 생기는 쓰레기는 경기도로 간다. 경기도민은 우리가 만든 쓰레기도 아닌데 왜 우리가 책임져야 하느냐며 서울시 쓰레기를 거부하고 있다. 이 문제는 매번 선거에 중요한 이슈로 등장할 정도다. 서울에 사는 나는 그런 기사를 볼 때마다 불편하다. 난지도를 경험한 덕분에 경기도 쓰레기 매립지의 상황이 어떨지 상상이 되기 때문이다. 쓰레기를 줄이는 방법으로 가는 수밖에 없다.

먼저 선택한 책은 『쥬만지』의 작가 크리스 반 알스버그의 『이건 꿈일 뿐이야』다. 출판된 지 한참 된 책이지만 아이들과 지금 당장 행동으로 옮기는 것이 얼마나 중요한지 이야기를 나눌 수 있다. 쓰레기를 함부로 버리는 일이 계속된다면 자연환경은 어떻게 될지 이 책은 미래를 보여 준다.

월터는 도넛을 먹고 포장지는 아무렇지 않게 구겨 '툭' 버리는 아이다. 옆집 로즈가 생일 선물로 나무를 받은 일에 코웃음을 치는 아이고, 분리배출은 귀찮은 일로 여겨 모든 쓰레기를 일반 쓰레기통에 쏟아 버리면 그만인 아이다. 월터는 로봇이 모든 문제를 해결해 주는 드라마를 보며 그곳에 가고 싶어 한다.

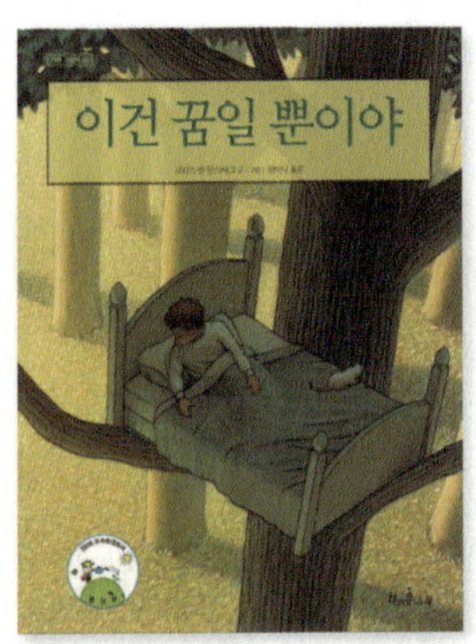

『이건 꿈일 뿐이야』

크리스 반 알스버그 글·그림, 천미나 옮김, 책과콩나무, 2012

환경을 생각하지 않는 월터가 만난 두 세상. 우리라면 어떤 선택을 할 것인가? 정답은 이미 정해졌으며, 누구라도 그 정답을 알고 있으나 정답대로 살아가지 못하는 것이 문제다.

그날 밤, 월터의 침대는 놀랍게도 미래로 날아갔다.

침대를 타고 찾아간 미래는 쓰레기가 넘쳐 나는 곳으로, 이쑤시개를 만들려고 숲의 나무를 베어 내고, 목이 따끔거리고 눈이 가려울 때 먹는 약을 생산하기 위해 매연을 뿜어내는 곳이었다. 만년설이 덮인 에베레스트 꼭대기에 호텔이 세워졌으며 사람들은 생명이 사라진 바다에서 조그만 물고기 한 마리를 잡은 기쁨에 춤을 췄다. 꽉 막힌 도로에는 경적이 요란했고 그랜드캐니언은 매연으로 가득했다. 각 장면은 상황 설정의 역설(paradox)이 돋보인다. 로봇이 척척 모든 일을 다 해 줄 것 같은 미래를 꿈꾸지만, 현재 우리의 행동을 그대로 되풀이한다면 결코 그런 미래는 오지 않는다는 작가의 독설이다.

미래를 본 월터는 어떻게 할까? 아침에 일어나자마자 신발도 신지 않은 채 분리배출 장소로 달려간다. 그리고 꼼꼼하게 분리배출을 한다. 자신이 직접 고른 생일 선물은 바로 나무다. 그림책은 당장 실천하는 기후 행동만이 지구의 미래를 바꿀 수 있다고 월터를 통하여 말한다.

나무를 심은 날, 월터의 침대는 낯선 곳에 도착한다. 나무 두 그루가 잘 자란 곳이다. 월터는 당연히 과거라고 생각했는데 미래였다. 자신이 심은 나무가 근심 없이 잘 자란 미래였다.

쓰레기를 덜 만들어 내고, 쌓인 쓰레기를 철저하게 분리수거하는 일은 귀찮은 과정이다. 하지만 귀찮다고 무시하면 그 쓰레기는 다시 우리의 삶으로 돌아온다. 그때는 예전의 모습이 아니고 우리를 위협하는 치명적인 모습이 될 것이다.

"나는 아니야!"라고 말할 수 있다면

코로나19의 대유행으로 급부상한 쓰레기는 비닐을 포함한 플라스틱과 택배 상자가 아닐까? 비대면이 사회의 규칙이 되다 보니 배달이 많아졌다. 한 가지 음식을 시키면 줄줄이 이어지는 플라스틱 일회용 용기, 먹고 난 뒤 씻어 놓고 보면 한 아름이 되는 것 같다. 다중 시설에 대한 염려가 깊어지며 쇼핑 대부분은 인터넷으로 이뤄지고, 상품은 크고 작은 택배 상자에 배송되어 이 또한 넘쳐 나게 되었다. 명절이 지나고 나면 산처럼 쌓이는 스티로폼도 심각한 일이다.

우리 집의 주요 택배 상자는 전국의 중고서점에서 오는 게 대부분이었다. 일에 몰두할 때면 하루에 3~4개가 도착할 때도 있지만 평소엔 한가하다. 아들이 오고는 상황이 달라졌다. 아들은 인터넷에서 가격을 비교하며 모든 물품을 인터넷으로 주문했다. 난 새벽 배송이 탐탁지 않다. 잠을 잘 때는 가족과 함께 자야 한다고 생각하는 고루한 사람이다. 그런데 아들은 이 편리한 제도를 왜 활용하지 않느냐며 심지어 아이스크림까지 주문했다. 아이스크림이 배송되려면 드라이아이스가 들어가고, 얼음팩이 있어야 하고, 열 차단을 위해 알루미늄 포장이 있어야 한다. 아이스크림 한 통으로 만들어 내는 쓰레기에 입이 다물어지지 않았다. 이런 배달은 시키지 말라고 엄청난 잔소리를 퍼부었다. 택배 배송이 잠잠해진 것은 앱을 지우고 나서다.

이번에 살펴볼 그림책은 『검정 토끼』와 『상자 세상』이다. 앞에서 이야기한 내용이 그대로 책이 되었지만 스토리텔링은 감동을 불러오고, 마음에 생각거리를 주며, 고요하지만 강력한 파문을 일으켰다.

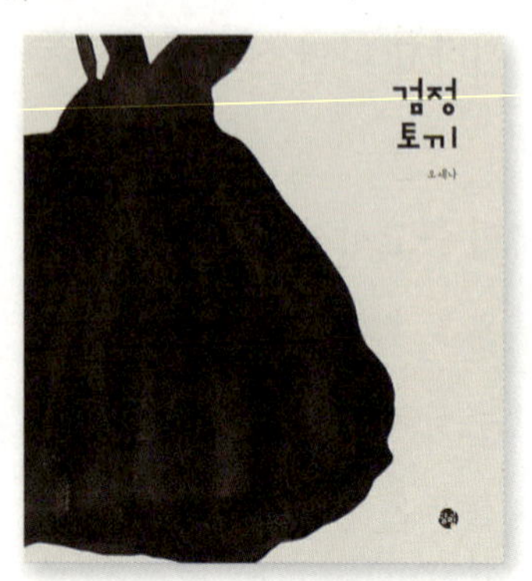

『검정 토끼』

오세나 글·그림, 달그림, 2020

넘쳐 나는 쓰레기 문제를 상징적으로 표현한 그림책으로 우리가 버린 것은 다시 되돌아온다는 걸 보여 준다.

『상자 세상』

윤여림 글, 이명하 그림, 천개의바람, 2020

일회용 택배 상자의 운명을 생각하게 하는 발랄한 책이나 읽으면 불편한 감정을 불러온다.

『검정 토끼』는 포장에 신경을 많이 쓴 작품이다. 두꺼운 종이로 책 커버를 만들고 검정 토끼를 크게 그렸다. 형태가 조금 토끼답지 못하다. 뭐지? 의문을 가지고 책을 빼면 실제 겉표지에는 검정 토끼가 아니라 온갖 색깔의 집합체가 나온다. 『검정 토끼』의 제목을 살려 내려면 커버에 넣어 보관해야 한다.

서사는 아주 아름다운 시로 전개된다. 검정 토끼가 바스락바스락, 폴짝폴짝, 바스락 폴짝 숲으로 이동하여 커지고 커져, 터진다. 검정 토끼는 온갖 쓰레기를 담은 검은 비닐봉지였던 거다. 쓰레기 산에 쌓인 색들은 민들레 씨앗처럼 바람에 날려 바다에 도착하고, 그 바닷속에서도 쓰레기의 생명을 유지한다.

검정 토끼로 시작한 온갖 색깔의 쓰레기가 바다 생물로 살아가며 바다 동물이 괴로움을 당하는 장면으로 이어진다. 그리고 마지막 뒤 면지에 이르면 바다에서 바닷물을 싣고 오는 트럭을 보게 된다. 차의 외관에는 물결치는 싱싱한 바닷물 모습이 그려져 있다. 결국, 작가는 우리가 함부로 자연을 파괴한 결과가 고스란히 우리에게 되돌아오고 있음을 보여 준다.

『상자 세상』은 택배 상자의 이야기다. 표지가 아주 인상적이다. 택배 상자의 외관을 그대로 가져왔다. 책등 부분은 '번개 쇼핑'의 테이프로 표현되었다. '당일 배송', '취급 주의', '분리배출' 같은 용어가 있는 것도 '책'이 아니라 '택배 상자'를 위장한 표현이다. 작가 소개는 운송장의 보내시는 분에 있으며, 받는 분은 세상의 모든 독자님이다. 발상의 전환이다.

이야기는 면지부터 시작된다. 번개 쇼핑의 노란 트럭은 배송을 시작했다. 속표지는 배송지에 도착하여 물건을 내리는 장면이다. 각 가정에서 배출하는 택배 상자는 아파트의 높이보다 높아진다. 쌓여 있던 상자들은 배가 고파지자 주변에서 보이는 대로 아무거나 마구 먹기 시작한다. 배가 부른 상자들은 모여 이야기를 나누다 각자 꿈을 말한다.

한 번 쓰고 버려지는 상자의 여정을 상상한 이야기인데 읽고 있는 우리는 많이 불편하다. 택배 상자는 종이라 비닐 테이프만 제거하고 분리배출하면 재활용된다고 마음에 가책을 가졌던 적이 없기 때문이다. 택배 상자를 한 번 사용하고 다시 생산 과정을 거친다면 엄청난 에너지 낭비다.

작품은 풍자(irony)적이다. 표지에서 보여 준 섬세한 표현도 그렇지만 심심할 때는 기억 놀이가 최고라며 그동안 자신들이 담았던 물건을 이야기하는 장면은 그 아이디어가 웃음을 유발하면서도 편리함을 추구하는 인간의 끝판왕을 보여 준다. 또 그림 작가가 곳곳에 흘려 놓은 정보를 꼼꼼하게 읽으면 현대인이 어떤 부류의 인간인지도 알 수 있다. 택배를 받은 남자는 입고 있는 옷에 상표가 아직 붙어 있으며, 거실 주변에는 영수증이 여러 개 널려 있다. 어떤 상품은 아직 뽁뽁이를 벗기지 않은 상태다. 꼭 필요한 물건을 고민하여 선택했다기보다는 필요할 것 같아 구매한 경우다. 방금 배송된 상품은 전동 칫솔인데 모자를 쓰고 있으면 매달린 전동 칫솔이 움직여 칫솔질한다. 독자는 그 모습에 헛웃음이 나온다.

생태 감수성 기르기

우리 반 아이와 쓰레기 분리배출을 함께 했다. 종이는 종이 수거함에, 상자는 납작하게 하여 쌓아 두는 곳에 놓았다. 쓰레기는 종량제 봉투에 쏟으니 아이가 묻는다.

"선생님, 쌍화차 좋아하세요?"

"아침에 한 잔 마시지."

말하며 보니 일반 쓰레기에 버린 비닐이 마음에 걸렸다. 아이는 자신은 별로 좋아하지 않는 차를 나는 좋아하느냐고 물은 것인데, 난 쓰레기와 섞인 비닐만 보였다. 작은 비닐이지만 아이 앞에서 부끄러웠다. 생태 감수성은 사소한 일에서 불편감을 느끼는 감정이라 생각한다. 이 불편감이 작은 비닐도 분리배출하는 행동을 만드는 역할을 했다.

3월 말, 아이들 편에 '우리 집 쓰레기 배출일 기록표'라는 걸 가정으로 보냈다. 두 달 기록한 내용이 6월이 되자 속속 도착했다. 기록표를 가정의 어른들이 썼을 거란 생각에 어른의 소감과 자신의 소감을 기록해 다시 제출해 달라고 부탁했다. 배출 기록 횟수만으로도 한 아이는 '엄청나다'라는 이야기부터 했다. 이 기록을 하는 나도 그 양에 깜짝 놀란다. 그러다 보니 내 행동이 변했다. 배출하는 것마다 꼼꼼하게 분리하는 것이 습관이 되었다. 이미 만든 쓰레기라면 철저히 분리배출을 하는 것만이 조금이라도 그 양을 줄이기 위한 행동이 된다. 학부모 의견도 마찬가지였다. 몇 분의 소감을 기록한다.

> 과연 우리 아이들이 어른이 되었을 때 지구의 모습은 어떠할까?
> 깊은 반성의 시간을 보냈다. 4인 가족의 한 끼 배달 음식을 시켜
> 먹은 후 나온 일회용 플라스틱 그릇을 보면서
> '한 끼 잘 먹었다.'라는 생각보다 아이들 보기 부끄럽다는
> 생각이 먼저 들었다. (김*희 학생 학부모)

> 처음에는 '뭐 많이 나오겠어?' 생각하며 냉장고에 붙여 놓고
> 기록하다 보니 생각보다 훨씬 많은 양의 쓰레기를 배출하고
> 있었다. 배출되는 쓰레기의 종류도 빠지는 것이 없었다.
> 종이컵, 플라스틱 등 일회용부터 사용을 자제하고,
> 음식 쓰레기를 줄이도록 더 많이 노력해야겠다.
> (김*훈 학생 학부모 님)

함께 읽어요

- 『난지도가 살아났어요』(이명희 글, 박재철 그림, 마루벌, 2013)
- 『세상이 조용해졌어요』(에두아르드 리마 글·그림, 봄나무, 2021)
- 『쓰레기가 쌓이고 쌓이면…』(박기영 글, 이경국 그림, 웅진주니어, 2010)
- 『쓰레기 귀신이 나타났다!』(백지영 글·그림, 미세기, 2021)
- 『쓰레기 행성을 구하라!』(선자은 글, 강혜숙 그림, 푸른숲주니어, 2017)
- 『여기는 쓰레기별, 긴급 구조 바람!』(올라 볼다인스카-프워친스카 글·그림, 우리학교, 2020)
- 『우리 마을 환경미화원은 맨날 심심해』(김단비 글, 홍원표 그림, 웃는돌고래, 2013)
- 『이런 개구리는 처음이야!』(올가 데 디오스 글·그림, 노란상상, 2018)

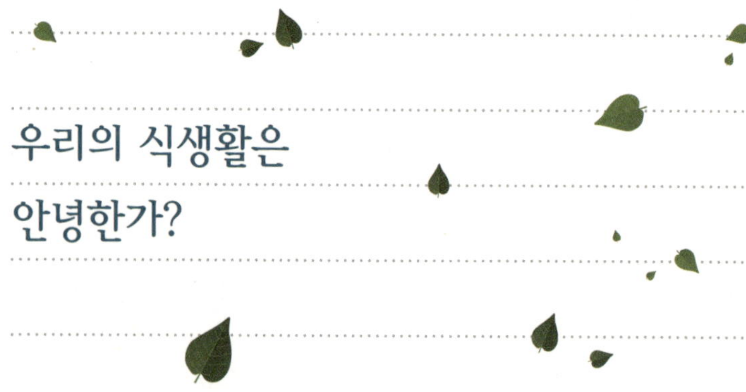

우리의 식생활은 안녕한가?

식생활은 지구 환경과 관련이 없을까?

코로나19 이전에는 외식하고, 치킨을 배달해 먹고, 고기를 구워 먹는 게 불편하지 않았다. 그러나 코로나 대유행이 시작되며 어디에서부터 잘못된 것일까 공부하기 시작하니 우리의 생활 전반에 문제가 있음을 알게 되었다. 그중 식생활에 대해 새롭게 알게 된 내용은 매우 심각했다. 내가 낸 음식값이 다가 아니었다. 만드는 과정의 비용, 음식물 쓰레기를 처리하는 데 드는 비용, 음식 재료를 생산하는 데 드는 비용, 유통으로 이동하는 데 드는 비용 등 우리가 먹는 한 끼에 들어가는 비용이 만만치 않았다. 그 전 과정에서 우리는 자연환경을 크게 훼손하고 있었다.

2022년 봄, 우리나라는 엄청난 가뭄을 겪었다. 모내기한 논이 썩썩 갈라지고 작물이 제대로 성장하지 못했다. 6월은 감자와 양파의 수확기인데 가뭄으로 제대로 자라지 못해 그대로 갈아엎어야 한다는 기사를 읽었다. 수확해도 크기가 작아 판매할 수 없고 인건비도 건질 수 없다는 농민들의 속사정이 반영된 것이다.

기후 위기는 식량 문제와 직결된다. 우크라이나와 러시아의 날씨가 밀 생산에 영향을 미쳐 흉작이 되면 그 여파는 세계적으로 번진다. 2022년에 벌어진 두 나라의 전쟁은 2023년 식량 안보에 얼마나 영향을 미칠지 모른다. 2020년 기준 우리나라 곡물 자급률은 20%로 수입 의존도가 매우 높은 편이다. 한우나 돼지고기도 적당한 가격에, 적당한 수량을 대지 못해 수입량이 해마다 늘고 있다. 이런 상황에서 우리는 기후 위기에 따른 식량 문제에 대비하고 있을까?

농촌의 인구는 감소하고, 고령화로 농사에 적극적일 수 없다. 또 귀농한 사람은 한순간에 유능한 농사꾼이 되지 못한다. 토지에 알맞은 농사법도, 기후 변화에 따른 작물의 재배법도 개발이 쉽지 않다. 2020년 여름에는 비 온 날이 67일 이어지면서 농작물의 피해가 컸는데 총 강수량은 예년과 그리 차이 나지 않았다고 한다. 가뭄이나 홍수 피해, 강수 일수의 증가, 태풍과 같은 날씨의 변화로 작황이 좋지 않다면? 세계 여러 곳의 사람들은 이미 이런 일로 '기후 난민'이 되고 있다.

무엇보다 심각한 분야는 육식 습관이다. 육식을 유지하는 일에는 엄청난 환경적 부담이 있다는 걸 알게 되었다. 난 비건이 아니다. 고기를 먹는 횟수나 양을 줄이려고 노력하는 한 사람이다. 내 소화 기관은 나이가 들수록 가스 생산을 많이 한다. 살펴보니 고기를 섭취한 날 더욱 심했다. 배가 더부룩하고 방귀가 계속된다. 이건 식습관을 바꾸라는 의미인데 그동안 몸이 기억하고, 혀가 기억하는 육식 습관은 생각만으로 바뀌지 않았다.

수요가 늘어나면 어떻게든 공급을 늘려 이익을 추구하려는 사람들이 있다. 햄버거라는 간편식이 생기면서 고기의 수요는 엄청나게 늘어났다. 축산업이 돈이 된다고 생각한 다국적기업들은 남아메리카의 아마존 밀림에 손을 대기 시작했다. 밀림을 개간하여 목장을 짓고, 소를 빨리 살찌우기 위해 영양가 높은 콩을 재배하여 사료로 먹인다. 그 공간은 해마다 늘고 있는데 어찌 그곳에서만의 이야기겠는가? 세계 곳곳의 축산은 이제 공장식 농장형으로 바뀌어 대량 생산에 집중하는 상태다. 최소의 공간에서 최대의 가축을 기르기 위해 몸을 뒤로 돌리지도 못하는 공간에 가둬 놓고 오직 빨리 자라게 하고, 빨리 도축하여, 고기 상품으로 시장에 내놓는 것이 목표다. 그러다 보니 그 공간은 전염병에 취약한 곳이 되었다. 아프리카돼지열병, 조류인플루엔자, 구제역 등이 한번 발병하면 희생되는 가축의 수는 헤아릴 수 없다.

이런 공장식 농장에 불편함을 느끼고 종평등(種平等)을 주장하는 사람들이 있다. 이들이 경계하는 개념으로 개체 수가 언급되어 크게 공감했다. '멸종'과 관련된 동물이나 식물을 말할 때 '개체 수'는 아주 중요하다. 등급이 개체 수로 매겨지기 때문이다. 그런데 개체 수가 아주 많은 것으로 집계된다고 해서 지구상에 살아남기 유리한 생물인 것은 아니다. 인간의 필요로 사육되거나 재배되는 생명이기 때문이다. 공생을 바탕으로 종평등을 이뤄야 한다는 게 이들의 주장이다. 하지만 육식의 역사는 길고, 모두에게 채식을 강요할 수는 없다. 이건 개인의 선택이다. 그런데도 채식 중심의 식단을 권장하고 있다. 이유는 기후위기와 식습관이 밀접하게 연결되어 있기 때문이다.

우리가 육식으로 섭취하기 위해 기르는 가축은 지각 있는 존재로, 감정을 느낀다. 생각과 마음이 있는 동물을 먹기 위해 죽인다는 도덕적 불편함만 있는 것이 아니다. 반추 동물은 위가 3~4개인 동물로 한꺼번에 많은 양을 먹고 다시 게워 내어 씹어 먹는 되새김질을 한다. 이미 발효가 시작된 음식을 되새김질하기 때문에 트림을 많이 하고, 방귀를 많이 뀐다. 이 과정에서 이산화탄소와 메탄을 다량 배출한다. 이는 전체 온실가스의 14.5%로 자동차에서 나오는 온실가스보다 많은 양이다. 1kg당 이산화탄소 발생량은 양 39.3kg, 소 27.0kg, 돼지 12.1kg, 닭 6.9kg, 견과류 2.3kg, 두부 2.0kg이다. 어떤 단백질을 섭취해야 지구가 덜 힘들지는 자명하다.

'먹는다'는 일

주제에 맞는 그림책을 쭉 쌓아 놓고 하나하나 읽으며 선정하는 일이 이번처럼 어려운 적이 없었다. 먹는 일의 숭고함을 이야기하는 내용에서부터 공장식 농장에 관한 이야기, 구제역으로 살처분당하는 가축들을 이야기하는 그림책까지 다양한 스펙트럼을 보여 주었다. 기후 위기의 이야기와 관련되려면 '공장식 농장'을 이야기해야 할 것 같은데 그 선택은 불편했다. 아이들에게 강력한 이미지를 제공하며 채식을 강요하는 분위기를 만들고 싶지 않았다. 생명을 향한 근본적인 사랑과 감사의 마음을 기르고, 이왕이면 자연을 거스르지 않는 식습관을 기르는 것이 중요하다는 생각이 들었다.

내 손에 최종적으로 세 권의 그림책이 남았다. 첫 책은 『사슴아 내 형제야』다. 주인공은 시베리아 숲에서 태어나고 살아가는 사냥꾼이다.

서사는 웅장한 자연의 노래다. 사슴을 향한 독백이다. 사냥꾼의 날카로운 시선과 초조함은 없다. 강을 거슬러 오르며 자연을 바라보고 그 소리를 들으며 물풀이 자라는 곳에 사슴이 나타나기만을 기도한다. 선대에도 그랬으므로 지금 자기 앞에도 사슴이 나타나리라는 걸 의심하지 않는다. 그리고 자기 아들이 먹은

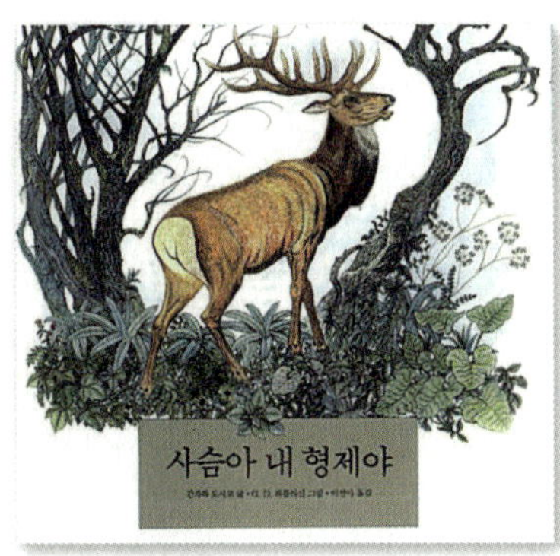

『사슴아 내 형제야』

간자와 도시코 글, G. D. 파블리신 그림, 이선아 옮김, 보림, 2010

살과 가죽을 주는 사슴을 형제로 여기며 감사하는 마음이 웅장한 그림과 함께 펼쳐지는 대자연의 서사시 같은 작품이다.

사슴이 피가 되고 살이 되어 아들과도 사슴이 '형제'가 되리란 걸 안다. 자신이 그래 왔던 것처럼.

사슴에게 무엇인가 해 준 것도 없으면서 형제라고 칭하며 친한 척 아부하는 것으로 볼 수도 있으나 글 전체를 읽어 나가면 그런 교활함은 보이지 않는다. 오히려 짙은 감사가 배어 있다. 사슴의 희생으로 자신의 가족이 대를 이어 오고 있음에 대한 감사다. 그리고 자신이 죽인 사슴의 죽음을 경건하게 받아들인다.

사냥꾼으로 동물을 잡아먹는 것에 대해 아이들은 고기를 사 먹는 우리와 별반 다르지 않다고 생각한다. 그런데 차이점이 있다. 사슴 사냥을 떠난 날에는 다른 동물을 잡으려 하지 않는다. 사슴도 더 잡으려 하지 않고 한 마리 잡음으로 목표 달성이다. 공장식 농장으로 가축을 기르는 목적을 떠올려 보라. 사냥에 욕심내지 않는, 필요한 만큼만 취하는 '자연과의 공생'을 보아야 한다. 시베리아는 지역적으로 농사가 가능한 지역이 아니다. 사냥꾼이지만 욕심내지 않고 만족하는 삶이 보인다.

'먹는다'는 것은 숭고한 일이다. 생명의 시작은 먹는 일이다. 식물도 싹을 틔우기 위해 씨앗의 영양 성분을 섭취해야 한다. 곧 사는 일은 먹는 일이다. 우리가 먹는 고기를 앞에 놓고 이런 기도와 감사를 보낸 적이 있는가? 우리가 먹는 고기와 저 사냥꾼의 가족이 먹는 고기는 다르다. 우리는 혀에 포진하고 있는 미각 세포들의 자극에 감탄하며 먹을 때, 사냥꾼 가족은 신께 감사드리고, 사슴에게 감사하며 사슴의 영혼이 다시 태어나길 빌고, 먹은 고기가 피와 살이 되길 빈다. 음식은 이러한 마음으로 먹어야 한다. 지금 우리의 문제는 과하게 먹고, 과하게 비리는 것이다.

이 그림책은 우리에게 자연의 교향곡을 전달해 준다. 들었는가? 배를 타고 사냥을 떠나는 과정에서 만나는 모든 살아 있는 것들이 내는 소리를 하나도 놓치지 않고 우리에게 전해 준다. 작가는 분명 숲에 오랜 시간 머물며 자연이 들려주는, 생명이 들려주는 소리를 들으며 자신도 자연의 한 부분이 되는 순간을 경험했을 것이다. 숲은 절대 조용하지 않다.

다음 그림책은 『생명을 먹어요』다. 이 책을 만나고 먹먹한 시간을 보냈다. 글을 쓰려 다시 읽는데 눈시울이 뜨거워진다. 진실하게 사는 사람의 이야기는 길든 짧든 감동을 준다. 『생명을

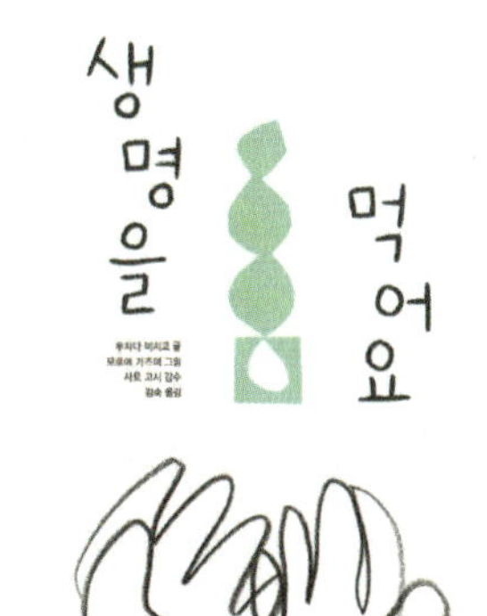

『생명을 먹어요』

우치다 미치코 글, 모로에 가즈미 그림,
김숙 옮김, 사토 고시 감수,
만만한책방, 2022

먹는 모든 것이 생명이다.
우린 음식을 먹으며 음식이 되기 전을
떠올렸을까?

먹어요』는 주인공이 경험한 이야기를 과장하지 않고 담백하게 담아낸 책이다.

사카모토 씨는 도축장에서 소를 잡는 일을 한다. 오래전부터 그 일이 싫었다. 자신이 하는 일이 중요한 일이라는 것을 알지만 죽기 전의 소와 눈을 마주치는 것이 싫었다. '정육점을 하는 아빠'라고 소개하던 아들이 아빠가 하는 일이 대단하다고 말할 때는 조금 더 일해야겠다고 생각한다. 어느 날, 소와 함께 온 여자아이가 소의 배를 쓰다듬으며 미안하다고 하는 말을 들은 사카모토 씨는 또 그만두어야겠다고 생각을 한다. 하지만 아들 시노부의 생각은 달랐다. '아무한테나 맡기면 미야(소)가 더 괴로울 것'이기 때문이다.

아들의 말에서 깊은 신뢰가 느껴진다. 아빠에겐 생명에 대한 경외의 마음이 있다는 걸 어린 아들은 알고 있었다. 저 말을 들은 사카모토 씨는 어떤 마음이 들었을까? 마냥 어리다고만 생각한 아들에게서 속 깊은 마음을 읽고 대견했을 것만 같다.

미야를 보내며 특별한 경험을 한 사카모토 씨는 자신이 도축해야 할 소들의 배를 쓰다듬으며 지상에서 보는 마지막 친절한 사람의 역할에 최선을 다한다. 이 책은 여기서 끝나지 않는다. 미야에게 정을 쏟았던 어린 소녀의 이야기로 간다. 소녀가 미야 고기를 안 먹으려 하자 할아버지는 그러면 미야가 슬퍼할 거라며 감사하게 먹자고 한다. 소녀는 울면서 '참 맛있다. 참 맛있다.' 했다는 이야기를 사카모토 씨에게 전한다. 안 먹는 것이 아니라 남김없이 먹으며 '고맙다', '맛있다' 하는 마음을 우리는 가져야 한다.

생명 교육은 살려 줘야만 한다고 가르칠 수는 없다. 자연의 생태계에도 잡아먹고 먹히는 관계가 있다. 더 많이 먹으려 욕심내지 않고 주어진 음식을 감사한 마음으로 남김없이 먹는 것의 중요함을 가르쳐야 할 것이다.

마지막으로 함께 볼 그림책은 『우리는 먹어요』다. 이 그림책을 만난 날을 기억한다. 다 읽고 한동안 멍하니 있을 수밖에 없었다. 몇 쪽 안 되는 그림책에 '먹는다'라는 행위에 담긴 철학을 간명하지만, 밀도 있게 담았다는 감탄이 올라왔다. 좋은 그림책

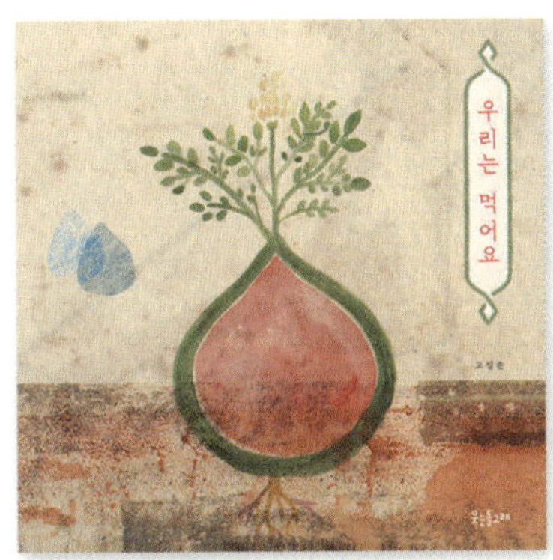

『우리는 먹어요』

고정순 글·그림, 웃는돌고래, 2022

우리는 먹는다는 행위를 두고
어떤 생각을 해야 할까?

을 만나면 말을 잇지 못한다는 경험을 했다.

'우리는 먹어요'라는 단순한 문장은 때가 되면 무의식적으로 음식을 떠올리고 시간에 쫓겨 허겁지겁 때우듯이 하는 식사를 의미하지 않는다. 이 책에서 말하는 '먹는다'는 다른 생명을 먹는다는 '알아챔'에 있다. 내 생명과 동등한 다른 생명을 먹는다는 행위에는 필연적으로 그 생명에게 보내는 감사, 내게 음식이 오기까지 수고로움을 마다하지 않은 많은 사람에게 보내는 감사를 떠올리는 과정이 포함되어야 한다. 내 생명을 유지한다는 것은 다른 생명의 목숨으로 살아간다는 의미다. 하찮은 한 끼의 식사가 아니다. 음식 앞에서 자연과 사람에게 감사의 기도를 올려야 한다. 기도의 의미는 음식의 소중함을 잊지 않겠다는 다짐이다.

기독교의 식사 기도, 불교의 발우공양, 힌두교의 신성한 소, 이슬람교의 라마단, 운조루의 타인능해(他人能解: 아무나 열 수 있다는 뜻)에 다다르면 먹는다는 행위는 거룩한 일이고, 숭고한 일이며, 준비된 식사의 소중함이고, 식사를 받아들이는 겸손함이며, 굶주림을 경험하여 베푸는 나눔이 된다.

아이들과 읽을 때 음식이 입맛에 맞지 않는다고 막 버려선 안 된다는 것만 마음에 깊이 새겨 주어도 될 것 같다. 인간은 스스로 양분을 만들며 살아가지 못하는 동물이다. 다른 생명체를 먹어야만 살 수 있다면 내 먹이가 되어 준 생명체에 대한 감사는 어른, 아이 할 것 없이 모두에게 소중한 가치임이 분명하다.

성장하는 아이들에게 단백질은 꼭 필요한 영양소이다. 견과류, 콩에도 단백질이 많이 들어 있으니 이런 음식을 많이 먹으려 노력하고, 고기는 조금 줄이는 것도 지구를 사랑하는 방법이다. 먹을 만큼 받아 감사한 마음으로 먹으며, 남기지 않는 일부터 실천하기로 한다.

생태 감수성 기르기

2021년 반 아이들과 그림책 만드는 과정에서 있었던 일이다. 한 친구가 요리를 연구하는 알파카를 주인공으로 육식에 도전하는 이야기를 썼다. 서사를 피드백하는 과정 중 글을 보며 불편한 마음이 확 올라왔다. 육식하는 늑대가 채식하는 늑대로 변하는 이야기는 이미 나와 있고 그 이야기를 읽을 때 불편하지 않았는데, 채식하는 알파카가 육식하는 알파카가 된다고 하니 불편한 감정이 올라왔다면 내게 편견이 있는 것이 아닌가 생각됐다. 아이는 순수하게 새로운 일에 도전하는 진취적인 주인공의 이야기를 쓰고 싶었을 뿐인데 교사에게 편견이 작용하면 그리 좋은 교육 환경이 아니다.

알파카는 초식 동물인데 육식 동물이 되는 것은 아닌 것 같다고 댓글을 달았다. 이번에는 아이가 불편해졌다. 자기의 의도를 내가 막았다는 것이다. 난 네 생각대로 해 보라고 하며 한발 물러났다. 때마침 아침마다 식생활에 대한 환경 그림책 읽기가 시작되었다. 한 권 한 권 읽어 나갈수록 육식의 불편함이 여러모로 등장했다. 그 친구는 서사를 다시 써도 되느냐고 물어 왔다. 난 당연히 그래도 된다고 했다. 아이는 엄마가 고개를 돌리지도 않았는데 자기가 뭘 하고 있는지 다 보고 있는 것처럼 알아내는 것을 두고 '뒤통수 감시병'이라는 말을 만들어 엄마와 자녀 사이의 사랑 이야기로 그림책을 완성했다. 그 그림책은 여러 친구와 선생님의 찬사를 받았다.

생태 감수성을 기르는 활동으로 조사 수업을 했다. 요리로 만든 음식의 총량 중 1/3이 버려진다고 한다(우리나라는 1/7 수준). 음식을 했을 때 다 먹는 것이 아니라 버리는 양이 1/3이라면 그 음식 쓰레기는 어떻게 될까? 이미 음식을 만드는 과정에

적지 않은 비용이 들어간다. 식자재를 산 비용이 있으며, 요리하는 사람의 시간과 노력이 포함되었고, 화력이라는 에너지도 들어갔다. 좀 더 확장한다면 심고 가꾼 농부의 노동력, 물고기 잡는 데 들어간 어부의 노력, 축산업자가 가축을 기르며 사료로 사 먹인 비용도, 사료를 재배하며 들어간 비용도 포함되어야 하며 각 식자재를 생산하는 과정에서 엄청난 물이 들어간 비용도 포함되어야 한다. 그런데 그렇게 많은 사람의 노력과 에너지가 들어간 음식이 쓰레기로 변하며 또 엄청난 에너지가 든다. 이번 조사는 음식물 쓰레기 처리 비용을 알아보는 활동이다.

환경부에서 제작한 '음식 쓰레기' 관련 자료에 따르면 하루 음식물 쓰레기 발생량은 1만 4,000t이라고 한다. 한 해에 음식물 쓰레기를 처리하는 비용은 8,000억 원이며, 경제적 손실은 20조 원, 온실가스 배출량은 885만 t이라고 한다. 음식물 쓰레기 처리만으로 엄청난 비용을 감당하고 있다. 그런데 매년 음식물 쓰레기는 3%가량씩 늘어난다고 한다. 음식물 쓰레기를 제일 많이 배출하는 곳은 가정과 소형 음식점이라고 하니 각 가정의 노력이 시급하다고 할 수 있다.

버려진 음식물 쓰레기는 사료로 만들지만 100% 활용할 수 없다고 한다. 음식으로 조리되었던 쓰레기에는 염분의 함량이 너무 많고, 파 뿌리, 양파 껍질처럼 음식물 쓰레기로 분류할 수 없는 것들이 들어 있으며, 생선 뼈, 닭 뼈, 이쑤시개 등이 있어 사용 불가능한 경우가 많다고 한다. 쓰레기 분리배출처럼 음식물 쓰레기도 철저하게 분류하여 버리는 습관이 필요하다.

환경부의 자료를 바탕으로 먼저 음식물 쓰레기에 관한 내용을 ○, × 퀴즈로 공부했다. 또 우리 가정은 음식물 처리 비용을 얼마나 내는지 미리 조사하도록 했다. 그 과정을 거친 후 아이들과 소감을 발표하며 대화를 이어 나갔다. '좋아하는 고기가 온실가스 배출의 원인이 된다니 슬펐다.', '고통스럽게 죽은 돼지와 소를, 맛있게 웃으며 먹는 나를 보니 너무한 것 같다.'는 반응도 있었지만 음식을 대할 때 감사하며 먹겠다는 이야기가 공통적으로 이어졌다. 그림책을 통해 먹이가 되는 생명의 입장도 이해하게 된 것 같다.

함께 읽어요

- 『고기를 먹지 않는다면?』(세라 엘턴 글, 줄리 맥래플린 그림, 키다리, 2020)
- 『고마워, 죽어 줘서』(다니카와 슌타로 글, 쓰카모토 야스시 그림, 나린글, 2017)
- 『공장식 농장, 지구가 아파요!』(데이비드 웨스트, 올리비아 웨스트 글·그림, 지구별어린이, 2021)
- 『냉장고가 사라졌다!』(노수미 글, 김지환 그림, 한그루, 2022)
- 『더 이상 아이를 먹을 수는 없어!』(콜린 피에레 글, 로이크 프루아사르 그림, 고트, 2021)
- 『돼지 이야기』(유리 글·그림, 이야기꽃, 2015)

- 『레스토랑 Sal』(소윤경 글·그림, 문학동네, 2017)
- 『모두섬 이야기』(오진희 글, 엄정원 그림, 내인생의책, 2015)
- 『무시무시한 버거 대왕』(이미애 글, 이주윤 그림, 사파리, 2020)
- 『물냉이』(안드레아 왕 글, 제이슨 친 그림, 다산기획, 2022)
- 『앵커 씨의 행복 이야기』(남궁정희 글·그림, 노란돼지, 2019)
- 『우유 한 컵이 우리 집에 오기까지』(율리아 뒤르 글·그림, 우리학교, 2021)
- 『위대한 식탁』(마이클 J. 로젠 글, 베카 스태틀랜더 그림, 살림, 2020)
- 『햄버거가 뚝!』(신정민 글, 박연옥 그림, 파란자전거, 2010)

불편한 옷 이야기

이제 옷을 생각할 시간이다

우리는 걸레를 사서 쓰고 행주도 사서 쓴다. 행주와 걸레를 빨아 쓰기 귀찮아 티슈가 대용으로 판매되기 시작한 지 오래되었다. 우리 어머니는 걸레나 행주를 사서 쓰는 일이 생전에 없으셨다. 면 메리야스가 행주가 되었고, 물을 흡수하는 능력이 사라진 수건은 걸레가 됐다. 옷 물려 입기는 다반사였고, 작아진 내 옷이 동네 동생에게 가는 일은 자연스러운 것이었다. 우리만 그런 것이 아니라 대부분 다 그렇게 살았다.

난 옷을 즐기는 사람이 아니다. 신발도 줄기차게 신다 해지면 새로 사는 사람이다. 입다가 물려주는 옷을 지금도 잘 입는다. 내가 선호하는 옷은 '편하게 입을 옷', '눈에 잘 띄지 않을 옷', '이미 가지고 있는 옷과 비슷한 스타일의 옷'이다. 저렴한 가격에 몇 년 동안 줄기차게 입지 않아도 본전 생각이 나지 않는 옷이다. 그동안 옷 소비에 대해 죄책감 없이 살았다. 메이커를 고집한 것도 아니고, 디자이너 제품을 선호한 것도 아니고, 유행을 따르느라 바쁘게 소비한 것도 아니어서 나에게 후한 점수를 준 것이다.

EBS <하나뿐인 지구 - 패스트 패션이 말해주지 않는 것들>을 보며 내가 틀렸음을 알았다. 난 옷값이 싸서 좋다고 생각하는 사람이지, 인간답지 않은 근무 환경의 노동자를 생각하는 사람이 아니었다. 패스트 패션 주요 생산국인 방글라데시에서 2013년에 발생한 의류 공장 붕괴 사건은 충격이었다. 당시 4층으로 이뤄진 건물에서는 수많은 젊은 여성이 작업하고 있었으며, 야간 작업을 할 때는 문을 밖에서 잠갔다고 한다. 우리는 옷을 싸게 구매함으로써 노동자의 노동력을, 그들의 피와 땀을 터무니없는 헐값에 사는 중이었다. 패스트 패션은 싼 노동력으로 대량 생산하여, 최대한 많이 파는 것이 목표다. 애착의 패션을 만드는 것이 아니라 몇 번 입고 버려도 되는 옷을 만든다.

옷은 엄청난 에너지가 들어가야 생산되는 제품이다. 목화를 재배해야 하고, 누에를 키워야 하고, 양 등을 돌보며 길러야 한다. 이 섬유의 재료가 되는 자원을 생산하기 위해서는 많은 시간과 노력을 기울여야 한다. 식물성 섬유는 물과 비료를 줘야 하고, 농약과 살충제를 뿌려야 한다. 동물성 섬유라고 간단한 것은 아니다. 양, 알파카, 거위, 토끼 등은 사료를 먹여 키워야 하고, 전염병에 노출되지 않도록 항생제를 써야 한다. 살아 있는 동물에게서 털을 뽑아내거나 잘라야 하는 과정도 필요하다. 가죽의 생산은 더 복잡하다. 도살하자마자 가죽을 벗겨야 하며 부드럽게 하는 과정을 거쳐야 한다. 또 모든 섬유는 염색 과정을 거친다.

목화 재배를 예로 든다면 농사에 사용되는 전체 농약 중 목화에 사용되는 양이 10%를 차지하며, 살충제는 25%가 된다. 이 과정에서 나오는 독성 물질은 비점 오염원이 되어 비와 함께 강으로, 바다로 흘러간다. 옷은 우리가 간단하게 몇 번 입다가 버리기에는 너무 많은 공정을 거쳤고, 그만큼 많은 에너지가 들어갔으며, 비용 또한 마찬가지다.

한 영상을 더 소개하려 한다. <환경스페셜 - 옷을 위한 지구는 없다>다. 이 영상은 의류 수거함에 넣은 옷이 어디로 가는지를 보여 준다. 입을 만한 옷을 수거함에 넣었다고 생각하는 우리는 누군가 그 옷을 입을 거라 여긴다. 또 수거함에 옷을 넣은 자신은 환경을 생각하는 괜찮은 사람이라 자부한다. 그러나 그 옷은 재활용되기보다는 쓰레기가 되기 쉽다. 우리나라는 헌 옷 수출 세계 5위의 국가다. 대부분 아프리카로 수출이 되는데 한 꾸러미의 포장을 뜯어 괜찮은 옷을 몇 개 건지고 나머지는 쓰레기가 된다. 버려지는 양이 너무 많고 사회의 규제가 약하다 보니 아프리카의 강은 옷 쓰레기로 덮이는 수준에 이르렀다. 가나의 아크라 해변은 다른 나라에서 버린 옷 쓰레기가 바닷물을 따라 이동하다 쌓이는 곳이었다. 바다 깊은 곳에 옷 쓰레기가 쌓여 있단다. 옷은 썩으니 괜찮다고?

현재 생산되는 섬유 중 50% 이상이 합성 섬유로 폴리프로필렌, 폴리에스테르, 아크릴 등은 대표적인 플라스틱 섬유다. 플라스틱이 분해가 잘 되지 않듯, 플라스틱 섬유도 마찬가지다. 게다가 플라스틱 섬유는 세탁할 때마다 미세플라스틱이 떨어져 나와 물과 함께 흐른다. 강으로 흘러든 미세플라스틱은 대부분 세탁 중에 발생한 것이라고 한다.

옷으로 지구를 돕는 방법은 자주 사는 것이 아니라 오랫동안 깨끗하게 즐겨 입는 것이다.

지구를 위한 옷, 모두를 위한 옷, 다음 세대를 생각하는 옷

옷을 지구 환경의 입장으로 바라본 이야기 중 마음에 딱 맞는 그림책은 없었다. 조금씩 관련 지어 읽어 볼 수 있는 책으로 골랐다.

『매일 입는 내 옷 탐구 생활』은 정보 그림책이다. 옷이 되는 섬유에는 어떤 것들이 있는지, 옷은 어떤 과정을 거쳐 만들어지는지 간략하게 보여 준다. 중심 서사를 질문하고 답하는 방식으로 이끌어 설명적 문장의 지루함을 피했다. 또 섬유마다 만들어

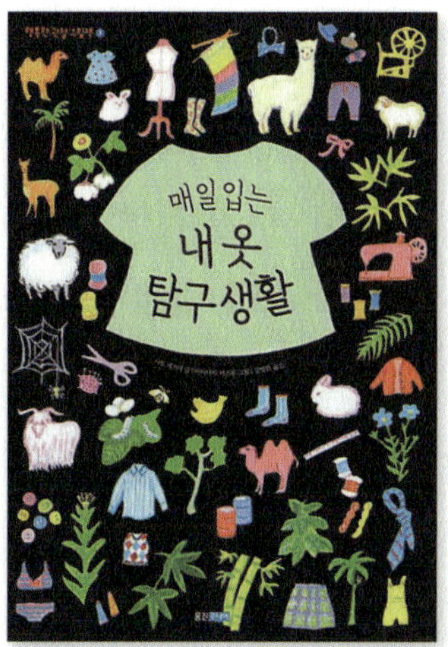

『매일 입는 내 옷 탐구 생활』

사토 데쓰야 글, 아미나카 이즈루 그림,
강방화 옮김, 웅진주니어, 2020

우리가 매일매일 입는 옷이
어떻게 만들어졌는지 알려 주는
정보 그림책이다.
한 가족이 주인공으로 등장하며
그림이 스토리텔링을 이끌어 간다.

지는 과정을 아래쪽에 따로 설명해 두어 이해를 도왔다.

책에서 집중적으로 소개한 섬유는 울, 비단, 면, 합성 섬유다. 옷에 붙어 있는 품질 표시에 '울 100%'라는 문구가 적혀 있고 '울이란 무엇일까요?'란 질문이 이어지며 다음 장을 넘겨 보면 울 생산 과정이 그려져 있다. 이런 구성으로 각각의 섬유를 설명한다. 지면 아래쪽에는 실 잣는 과정이 담겨 있는데 책에서는 전통적 방식을 보여 주나, 오늘날에는 공장에서 기계로 생산한다. 양복 한 벌을 만드는 데 필요한 양털은 양 한 마리에서 나온 분량이면 되고, 면 티셔츠 한 장은 약 100개 정도의 목화솜이 필요하다고 한다.

관심을 가지고 본 부분은 화학 섬유다. 100여 년 전에 목재에서 레이온 섬유를 뽑아냈고, 그로부터 수십 년 뒤 석탄과 석유에서 나일론을 만들어 내며 화학 섬유의 대량 생산에 성공하였고, 많은 종류의 화학 섬유가 뒤이어 탄생했다고 한다. 이런 화학 섬유 덕분에 가격은 저렴해졌고, 품질은 우수해졌으며, 섬유에 따라 기능성이 향상되었고, 혼방률이 높아졌다. '플라스틱 제품이 석유로 만들어진 것처럼, 우리가 평소에 입는 옷 중에도 석유로 만든 것이 많답니다.'라는 문장이 목에 걸린다. 플라스틱이 쉽게 분해되지 않아 유해 물질이 되었는데, 이제 옷도 그러하리라는 예측은 누구나 할 수 있다.

그림책은 품질 표시를 보여 주며 섬유마다 세탁 방법이 다름을 알려 준다. 서사에서 다루지 않았음에도 반복적으로 보여 주며 관리 방법을 노출하고, 마지막에는 부록으로 섬유 관련 국제 표준화 기구의 세탁 취급 표시를 알려 준다. 옷을 오래도록 잘 입으려면 이 세탁 기호의 의미를 알고 요구 사항에 맞게 관리해야 함을 말한다. 패스트 패션으로 소비를 권장하는 것이 아니라 섬유 고유의 특징을 알고, 즐겨 입고, 아껴 입으란 의미다.

이 책은 지식 중심의 그림책임에도 지루하지 않다. 한 가족이 주인공으로 화면을 구성하고 있어 서사에 등장하지 않는 스토리텔링을 그림이 하고 있기 때문이다. 그림 작가의 복선이 인상적인 작품이다.

『누더기 외투를 입은 아이』는 옷에 스토리텔링을 더해 그 옷을 유일하고 아주 소중하게 만드는 내용이다. 옷이 귀하던 시절, 조각 천으로 조각보를 만들었던 우리 선조들의 정신을 떠올리게 한다. 하지만 이 이야기는 한 발 더 나아가 누구에게나 소중한 천 조각을 모아 형편이 어려운 아이의 외투를 만들어 응원한다.

주인공 미나는 학교에 갈 나이지만 그럴 형편이 못 된다. 아빠는 탄광에서 일하다 병을 얻었고, 엄마가 바느질을 해야 하는데 동생을 돌볼 사람이 없다. 그리고 미나는 외투가 없다. 아버지가 세상을 떠나고 9월이 시작되자 엄마는 미나에게 학교에 가라고 한다. 하지만 추워지면 학교를 그만둬야 하는 미나는 싫다고 한다. 밀러 아저씨네 아주머니는 마을의 아주머니들과 자

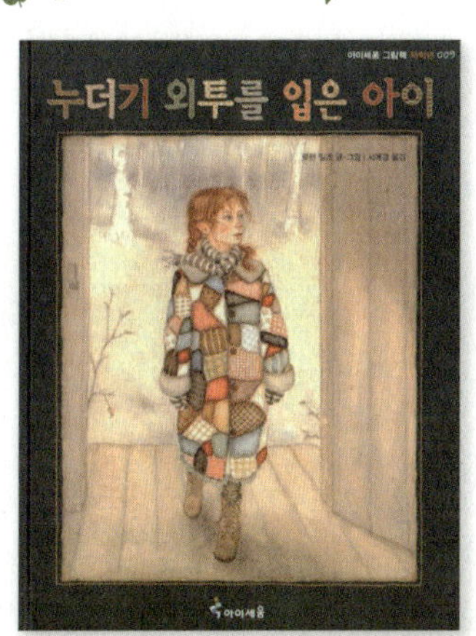

『누더기 외투를 입은 아이』

로런 밀즈 글·그림, 서애경 옮김,
미래엔아이세움, 2002

조각 천도 함부로 버리지 않았던 시대에 조각 천으로 만든 옷은 '누더기'인지 묻는 그림책으로, 옷의 스토리텔링을 생각하게 한다.

투리 천을 모아 미나의 외투를 만든다. 이튿날부터 미나는 학교에 갔고, 각각의 사연 있는 천 조각이 모여 누비 외투가 되면서 조각의 이야기도 쌓인다.

누비 외투가 완성된 날, 미나는 학교 가는 길에 외투를 바라보며 조각 천의 사연들을 마음속에 간직하려 하나하나 떠올린다. 이야기를 담고 있는 소중한 옷이라고 생각하는 미나에게 친구들은 "야, 누더기옷!" 하며 놀린다. 숲속에서 울다 외투의 안감을 아빠의 따뜻한 팔처럼 느낀 미나는 당당하게 교실로 들어와 외투에 가득한 모두의 이야기를 전한다. 미나의 외투는 모두가 따뜻함을 조금씩 나눠 줌으로써 완성한 가장 따뜻한 외투가 되었다.

이 책은 출판된 지 시간이 좀 지난 작품이다. 이미 사연을 지닌 가치 있는 천, 차마 버릴 수 없었던 천을 사용해 천이 지닌 역사성 위에 새로운 옷을 창조한 이야기다. 서사에는 두세 명의 사연이 나오지만 우리는 외투에 들어간 모든 조각에 사연이 깃들어 있음을 안다.

다채로운 색감을 미나처럼 느껴 보자. 바로 아빠가 원하는 '삶의 색'이다. 캄캄한 땅속에서 일하던 아빠는 태양이 만들어 내는 다채로운 빛을 좋아했다. 미나의 외투에는 아빠가 좋아하던 빛이 투영된다. 미나의 외투는 친구들의 사연이 담긴 옷이기도 했고, 아빠가 좋아하던 다채로운 태양의 빛이 담긴 옷이기도 했다. 아빠와 연결된 옷, 이런 의미 깊은 사연이 담긴 옷을 우리는 단 한 벌이라도 가지고 있을까?

교실에 들어오는 미나를 보면 아름답고 당당하다. 어떤 부분이 미나에게 힘을 주었을까? 숲으로 돌아가 보자. 미나는 "사람한테는 사람보다 귀한 게 없는 법"이라던 아빠 말을 떠올린다. 아이들의 놀림에 화가 나서 눈물도 나지 않았던 미나였는데 주변 사람들을 떠올리고는 그들 안에 있는 자신을 발견한다. 아줌마들이 일하는 틈틈이 천을 가져와 만들어 준 외투, 그 아줌마들의 자녀인 친구, 어느 한 명도 미나의 따뜻한 울타리에서 벗어나는 사람이 없었다. 그것을 깨달은 미나는 옷에 대한 자부심과 친구에 대한 신뢰를 회복했다.

그냥 몇 번 입고, 혹은 사 놓고 마음에 안 들어 버리는 옷은 없어야 한다. 섬유를 만들기 위해 노력한 사람, 옷을 만드느라 땀 흘린 사람, 모두 옷에 스토리텔링을 더한 사람들이다. 그들의 이야기는 무엇일까 생각하며 입는 옷이라면 어떨까?

『감기 걸린 날』을 이야기하려니 불편하다. 나에게 동물성 옷이 몇 벌 있다. 가죽이 일부분 들어간 잠바가 있고, 이월상품으로 사 10년이 훨씬 넘게 입고 있는 알파카 롱코트, 반코트가 있고, 선물로 받은 모피 목도리가 한 개 있다. 그리고 겨울에 교복처럼 입는 롱패딩이 있다. 이 품목 중에 모피 목도리는 착용하지 않는다. 나와 어울리지 않는 품목이라 생각하고 있는데 모피

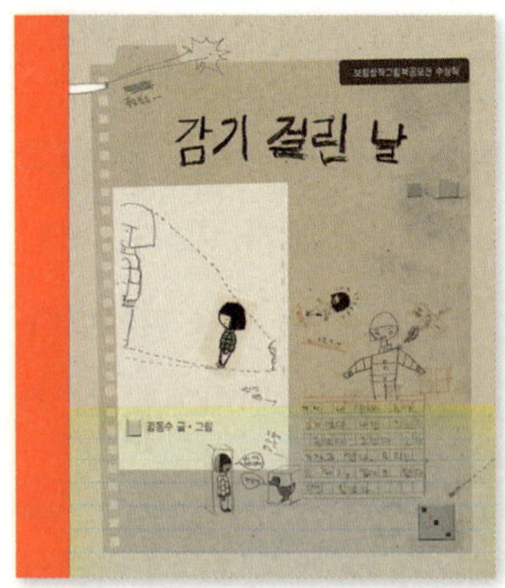

『감기 걸린 날』

김동수 글·그림, 보림, 2020

가볍고 따뜻한 오리털 잠바의 진실을 통하여 동물성 섬유나 패딩 제품을 다시 생각하게 한다.

의 불편한 이야기를 접한 후로는 손이 가지 않는다.

롱패딩의 유행이 몇 년 이어지더니 2021년 겨울부터 짧은 패딩으로 유행이 바뀌었다. 어른, 아이 할 것 없이 겨울옷으로 입었던 그 많은 패딩은 다 어떻게 만든 것일까? 패딩(padding)은 누비를 뜻하는 말로 그 속에 어떤 충전재를 넣느냐에 따라 이름이 달라지는데, 오리털과 거위털을 많이 넣는다. 가볍고 따뜻한 보온성이 특징인데 이 털들은 깃털이 아니라 솜털이다. 가슴에서 배까지 나 있는 털을 살아 있는 상태에서 강제로 뽑은 것이다.

동물성 섬유는 차마 그 공정을 눈으로 볼 수 없다고 한다. 동물 보호 운동가들은 세계적인 패션업계에 그 공정 동영상을 보내며 동물성 섬유를 사용하지 못하도록 압박하고 있다. 밍크

코트 한 벌을 만들려면 밍크 55마리, 너구리 코트는 너구리 27마리, 토끼 코트는 토끼 30마리, 친칠라 코트는 친칠라가 무려 100마리 필요하다고 한다.

비건 패션(vegan fashion)을 지향하는 사람들은 대용으로 폴리에스터를 가공하여 솜과 같은 형태의 인공 충전재 상품을 선택한다. 가볍고 보온성이 뛰어나고, 물세탁에 강하며 털이 뭉치지 않는다. 그런데 난 걱정된다. 폴리에스터는 플라스틱 섬유로 세탁할 때 미세플라스틱이 나오는 제품이다.

앞말이 길었다. 날이 추워지자 엄마는 주인공에게 따뜻한 옷을 사다 주셨다. 옷을 입고 거울을 보는데 깃털 하나가 보인다. 깃털이 어디에서 왔을까 생각하던 주인공은 잠자리에 든다. 꿈에서 오리들이 다가와 춥다고 깃털을 달라고 한다. 주인공은 한 마리씩 깃털을 심어 준다. 일어나 보니 열이 나고 감기에 걸렸다.

작가는 순수한 어린이를 내세워 담담하게 이야기하지만, 이 책은 고발적인 책이다. 살아 있는 거위와 오리의 가슴과 배에서 털을 뽑았다. 이 동물도 몸을 보호하려면 솜털이 필요한데 그걸 사람에게 다 빼앗기면 어떻게 되겠는가. 읽고 나면 내 몸에 걸치는 따뜻한 옷을 다시 한번 생각하게 된다. 우리는 상품으로 완성된 제품을 만나기에 그 전 단계의 과정을 잘 모른다. 알 필요가 없다고 생각하거나, 알아도 나와 무관한 일로 생각한다.

시스템 사고로 우리의 뇌를 훈련하자. 지구 환경과 기후 위기를 생각하는 사람이라면 전후좌우를 들여다볼 줄 아는 사람이 되어야 한다. 내 몸이 따뜻한 것, 시원한 것, 멋진 것, 아름다운 것에 대해 시스템 사고를 하며 소비하고 행동하는 사람이 되어야 한다.

생태 감수성 기르기

아이들은 옷이 지구 환경과 연관되어 있다고 생각하지 않았다. "다음 주는 옷에 관한 이야기로 엮을 거예요."라고 하니 "예? 옷요?" 하며 의아해했다. 난 빙그레 웃으며 "지구 환경에 옷 이야기라니 안 어울릴 것 같지요? 그런데 옷의 문제가 아주 심각해요. 기대하세요."라며 예고했다.

우리 아이들은 새 옷이면 무조건 좋고 신난다. 그런데 불편한 이야기를 얼마나 받아들일지 몰라서 수업의 방향을 잡는 것이 고민스러웠다. 아이가 자신의 돈으로 주체적인 소비를 하는 상태가 아니라 어떤 선택이 옳은지를 놓고 수업을 하는 것은 의미가 없었다. 이미 가지고 있는 옷을 소중하게 여기고 아끼는 마음이 들게 하는 것이 더 나은 수업 방향이라는 생각이 들었다. 또 대물림하여 입은 옷에 대해 충분히 이야기를 나누는 것도 헌 옷에 대한 인식을 바꿔 줄 수 있을 것 같다.

우리 반 아이들과 입고 있는 옷이 어떤 섬유로 만들어졌는지 품질 표시를 찾아 봤다. 플라스틱 섬유가 나오면 소리를 질렀다. 품질 표시를 함께 보면서 혼방 섬유 중 어느 것이 플라스틱 섬유인지 알려 주며 교실 한 바퀴를 돌았다. 아이들은 자신이 입은 옷에 이렇게 플라스틱 섬유가 많았느냐며 놀라워했다.

그림책에서 보여 주지 못한 지구 환경과 옷의 관계는 영상을 보며 스스로 느끼는 시간을 주어 생태 감수성을 기르도록 안내했다. 소가 옷을 질겅질겅 씹어 먹는 장면에서 아이들은 다 같이 비명을 질렀다. 강에 버려진 옷으로 넘쳐 나는 장면에서는 우리가 버린 옷이 '저렇게 되는구나!' 느끼는 시간이었다.

플라스틱, 일회용 젓가락, 일회용 숟가락, 일회용 컵 같은 것이
분해가 안 된다고 알았는데 우리가 입는 옷도 분해가
안 된다는 걸 알았다. 특히 옷은 빨면 미세플라스틱이 나온다는
사실도 알았다. 지구를 살리는 일이 정말 필요하다고 생각했다.
(권*현)

면 티셔츠 한 장 만드는 데 가상수가 4,000L 들어간다고 한다.
옷을 아껴 오래 입어야겠다. (차*찬)

함께 읽어요

- 『내 옷으로 만든 특별한 이야기』(수 - 엘렌 패슐리 글, 시아 베이커 그림, 다산기획, 2021)
- 『미미의 스웨터』(정해영 글 · 그림, 논장, 2021)
- 『빨간 줄무늬 바지』(채인선 글, 이진아 그림, 보림, 2020)
- 『숲 속 재봉사』(최향랑 글 · 그림, 창비, 2013)
- 『아름답고 놀라운 옷의 세계』(엠마 데이먼 글 · 그림, 밝은미래, 2020)
- 『안나의 빨간 외투』(해리엇 지퍼트 글, 아니타 로벨 그림, 2007)
- 『엄마, 난 이 옷이 좋아요』(권윤덕 글 · 그림, 재미마주, 2003)
- 『요셉의 작고 낡은 오버코트가…?』(심스 태백 글 · 그림, 베틀북, 2005)
- 『펠레의 새 옷』(엘사 베스코브 글 · 그림, 비룡소, 2011)
- 『할머니를 위한 자장가』(이보나 흐미엘레프스카 글 · 그림, 비룡소, 2019)

에너지 절약, 이제는 필수

에너지 절약 없이 지구를 사랑할 수 있을까?

과학 기술의 발전은 편리한 생활을 이끌어 줬는데 이는 에너지를 쉽게, 많이 소비하는 방향으로 흘렀다. 집 안의 가전제품을 헤아려 보자. 냉장고, 텔레비전, 컴퓨터, 세탁기, 김치냉장고, 에어컨 등 대형 제품을 비롯해 소형 가전제품을 포함하면 헤아릴 수 없을 정도로 많다. 2020년 전력 생산 비율은 원자력 29.0%, 석탄 36%, 가스 26.4%, 신재생 6.9%, 기타(유수, 양수) 0.4%다. 신재생 에너지가 차지하는 비율이 2011년 2.2%에서 2020년 6.5%로 증가한 것은 미미하지만 유의미한 일이다. 화석 연료(석탄, 가스)를 사용하여 전기를 생산하는 시설은 지구 온난화의 주범인 이산화탄소를 배출하기 때문에 세계적으로 이런 시설들의 가동을 종료하겠다는 선언이 이어지는 추세다. 우리나라도

2050년까지 화석 연료 발전을 종식한다는 목표를 세우고 있다.

그럼 핵분열을 이용하여 전기를 생산하는 원자력 발전으로 가야 하나? 원자력 발전은 이산화탄소를 발생시키지 않아 지구 온난화를 부추기지는 않는다. 그러나 체르노빌과 후쿠시마의 원전 사고는 원자력 발전에 대한 부정적인 정서를 불러일으켰다. 원자력 발전소에서 나오는 폐기물을 처리하는 방폐장에 대한 인식도 우호적이지 않다.

유럽 선진국들은 러시아의 천연가스를 수입하여 많은 전기를 생산하다 전쟁으로 수급이 불안해지자 원자력 발전을 대체 에너지로 넣는 방안을 협의하고 있다. 관리만 잘하면 친환경 에너지로 얼마든지 전환 가능하고, 부품을 교체하면 40년 정도 되는 원자력발전소의 수명도 연장이 가능하다고 한다. 하지만 이것이 '옳다', '아니다'는 이 자리에서 판단 내릴 일은 아니다.

화력 발전을 닫아야 하고, 원자력 발전도 불안하다면 우리는 신재생 에너지에 총력을 기울여야 한다. 신재생 에너지는 연료 전지, 수소 에너지, 석탄 액화 가스화 같은 신에너지와 수력, 풍력, 태양광, 태양열, 지열, 바이오매스 같은 재생 에너지를 말한다. 이 신재생 에너지는 자연적인 제약이 크고 경제적 효율성이 떨어져 이용이 저조한 편이지만 에너지 고갈 문제와 환경 오염 문제를 해결하기 위해서는 여기에 집중할 수밖에 없다.

현재 6.9%에 그치는 신재생 에너지 생산 비율을 어떻게 끌어

올릴 것인가가 중요한 관점이라 할 수 있다. 지형적 조건이 안 맞는데 무리하게 시도할 수는 없다. 여름 한 철 집중 호우로 내리는 비를 가둬 수력 발전에 이용할 시설 또한 갖추기 쉽지 않다. 대수력 발전은 생태계 변화를 가져오기 때문에 친환경적인 수력 발전을 하려면 소수력을 택해야 하는데 그런 시설을 지을 곳이 만만치 않다.

바이오매스는 식물과 미생물의 광합성 작용으로 생성되는 식물군, 균체와 이를 먹고 살아가는 동물체를 포함한 '생물 유기체'를 말하는데, 이 유기체를 연료나 화학 원료로 사용할 때 '바이오매스'라고 한다. 바이오매스는 친환경 시스템으로 인식되고 있으며, 바이오매스를 효율적으로 분해, 발효시켜 알코올이나 석유 대용으로 이용할 수 있도록 하는 미생물을 개량하는 연구도 진행되고 있다. 현재 옥수수를 바이오매스로 많이 활용하고 있는데, 식량 자원을 에너지원으로 활용한다는 비판을 받고 있다. 그러나 화석 연료를 사용할 수 없는 상황을 생각하면 꾸준히 연구되어야 할 분야임이 틀림없다.

우리는 어떻게 에너지 문제를 해결할 것인지 이제 심각하게 고민해야 한다. 우리나라는 에너지원을 대부분 수입에 의존한다. 기후 위기를 극복하기 위해서는 화력 발전을 마감해야 한다. 방사능 폐기물을 생산하는 원자력의 위험이 걱정이라면 원자력 발전도 멈춰야 한다. 산지가 70%인 국토의 사정을 생각하면 태양광 시설을 늘릴 수도 없다. 그렇다면 지금과 같은 에너지 소비로는 정답이 없다.

조금이라도 전기 사용을 줄이는 생활 습관이 필요한데 기업은 전기 사용을 촉진하는 제품을 생산하고 소비를 권장하고 있다. 집 안 곳곳에, 사무실 곳곳에 전기를 이용하는 물건이 한두 개가 아니다. 이 물건들을 어떻게 활용해야 하는지 연구해야 함은 당연하다. 앞에서 한번 이야기한 적이 있는데 쓰지 않을 때 전기를 차단하고, 차단 기능이 있는 멀티탭으로 대기 전력을 줄이는 일부터 실천해 보자.

지구를 살리는 에너지 절약

생태 환경 교육으로 그림책을 읽어 나갈 것이라고 아이들에게 이야기하자, 한 친구는 그 주제를 잘 알고 있다는 듯이 '플라스틱 사용을 중지해야 지구 환경을 살릴 수 있다.'라고 나에게 조언했다. '그렇지, 그것도 심각하지.'라며 응수하고 생각이 어떻게 변하는지 유심히 살펴봤다. 시간이 지날수록 이 친구는 자신이 한 부분만 생각했다는 걸 깨달았다. 각 분야에서 심각해지는 기후 위기 상황을 바라보며 지구의 입장이라면 환경 회복을 포기하고 싶어질 수밖에 없다는 것을 느꼈다. 플라스틱의 사용을 줄이는 것도 중요하지만 당장 지구 위기의 불을 끄는 방법은 '에너지 절약'이다.

핸드폰 배터리를 충전시키고, 냉장고에는 늘 먹거리가 그득하여 수시로 여닫고, 세탁기로 빨래를 돌리고, 건조기로 말리고, 기온의 변화에 따라 냉난방기가 돌아가고, 이루 헤아릴 수 없는 일로 전자 제품이 우리 주위에서 전기를 먹고 있다. 이 편리한 도구들은 우리 주변에서 떨쳐 낼 수 없는 물건이 된 지 오래다.

여름이 시작될 때, 우리 반 친구들에게 "선생님은 에어컨을 잘 켜지 않지만, 너희들이 더우면 언제든지 켜!"라고 이야기했다. 체육을 하거나, 바람 한 점 없는 날, 점심시간 등이면 먼저 에어컨을 켠다. 아이들이 없으면 전등도 한 개만 켜고 다 끈다. 텔레비전도 쓰고 나면 곧바로 끈다. 아이들은 사소하지만 다른 교실과 우리 교실의 이런 차이점을 자랑스럽게 여긴다. 이런 에너지 절약의 실천이 몸에 배도록 하는 것이 나의 일이다. 지구에서 좀 더 오래 현 상태를 유지하려면 습관이 된 알뜰한 생활이 필수다.

에너지 절약을 주제로 함께 읽은 그림책은 『우리 집 전기 도둑』이다. 이야기는 별생각 없이 플러그만 이으면 전기가 얼마든지 나온다고 생각하는 가정의 모습에서 출발한다. 편리한 가전제품은 오로지 이용하라고 있는 것이다. 가족 모두 이렇게 생각하고 전기를 쓰다가 전기가 나간다. 주인공 집뿐만이 아니라, 온 동네 전기가 나갔다. 그 상황을 접하고 나서야 전기를 너무

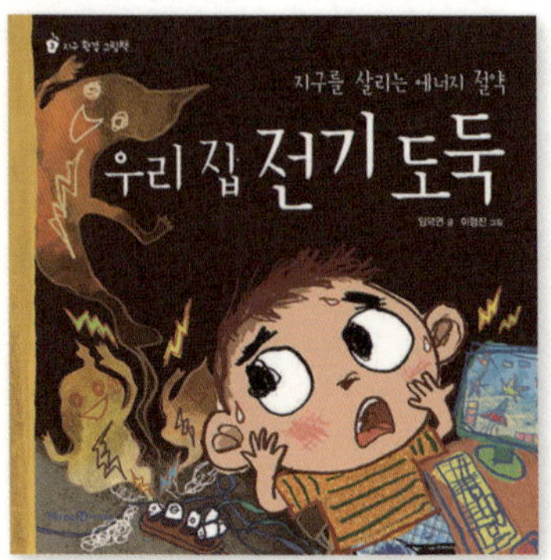

『우리 집 전기 도둑』

임덕연 글, 이형진 그림, 미래엔아이세움, 2011

매일매일 무심하게 사용하는 전기를 어떻게 절약해야 하는지 생각하게 하는 그림책. 중심 서사와 분리한 작은 글씨는 다양한 정보를 담고 있다.

헤프게 썼다고 생각한다.

작가는 인물들이 헤프게 쓰는 전자 제품 옆에 글꼴이 다른 서체로 바른 사용법을 구성해 독자에게 정보를 제공하며 말을 건다. '건전지는 전기 에너지를 간편하게 사용할 수 있다는 장점이 있어요. 하지만 다 쓴 건전지를 함부로 버리면 환경을 심하게 오염시키지요.', '가전제품을 사용하지 않을 때는 플러그를 뽑아 놓으세요.', '쓰지 않는 전등은 꼭 끄고 낮에는 커튼을 열어 햇빛을 이용해요.', '순간 전력 사용량이 높은 다리미, 전자레인지, 전기밥솥, 진공청소기 등은 함께 사용하지 않아요.' 등과 같은 전기 절약 방법이 장면마다 있다.

이 정보는 지식으로 아는 것보다 실천하는 것이 중요하다. 지구 온난화는 내가 전기를 아끼지 않아서 화력 발전소를 더 만들어야 할 때 더욱 심해진다. 자원이 한정되어 있어서 언젠가는 화력으로 전기를 생산하는 일이 끝나겠지만 우리가 당장 실천할 수 있는 일은 행동으로 옮겨야 한다. 전기 사용량 중에 11%가 대기 전력으로, 사용하지 않고 흐른 전력이라고 한다. 사용하지 않을 때는 플러그를 뽑는 습관으로 11%의 전기를 줄일 수 있다면 그 일을 지금 바로 실천해야 한다.

『깨끗한 에너지 태양 바람 물』은 재생 에너지를 말하는 정보 그림책이다. 우리에게는 고갈될 위험이 없으며 환경을 해치지 않는 발전 시설이 필요하다. 태양 에너지는 지구 에너지의 근원이라는 설명과 그 태양의 열을 모아 전기를 생산하는 태양열 주택 원리 이야기가 나온다.

그다음 풍력, 조력을 설명하고 맨 뒤의 설명 자료에 지열 발전, 바이오매스를 추가했다. 이 한 권으로 재생 에너지를 깊게

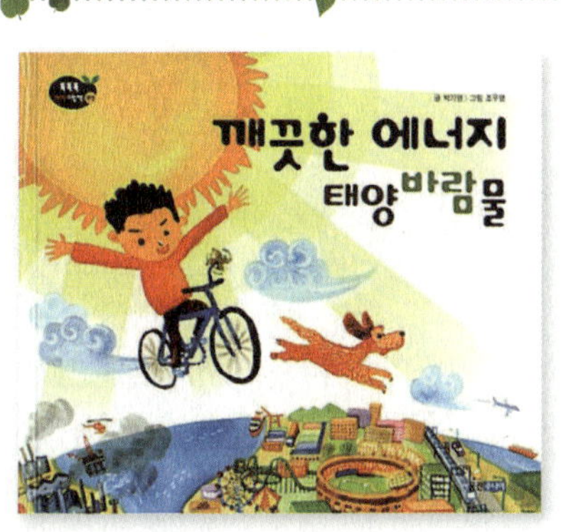

『깨끗한 에너지 태양 바람 물』

박기영 글, 조우영 그림,
웅진주니어, 2010

태양, 물, 바람 등을 이용하여 전기를 생산하는 재생 에너지 관련 정보 그림책이다. 모든 나라의 상황이 똑같지 않음을 알고 지도해야 한다.

이해할 수 있다. 재생 에너지는 순환 에너지라고 한다. 지속 가능한 발전으로 재생 에너지가 우리 사회에 더 많아지도록 노력해야 한다.

마지막으로 소개할 책은 『후쿠시마의 눈물』이다. 제목에서 알 수 있듯이 원자력 발전에 관한 이야기다.

원자력 발전은 온실가스인 이산화탄소를 배출하지 않는 전기 생산 방식이고 우리나라의 원전 건설 기술은 세계 최고 수준이다. 어쩌면 원자력은 고갈되는 화석 연료를 대신할 발전 기술일 수도 있다. 하지만 원자력 발전에는 풀어야 할 숙제가 많다. 핵분열로 전기를 생산하는 과정에서 온도를 낮출 많은 물이 필요하다. 이 냉각 경수로를 만들기 위해 해안가에 주로 발전소를 세운다. 우리나라는 환태평양 지진대로 해안가 지질이 안전하지 않다. 발전소가 주변 환경에 미치는 영향, 핵폐기물 처리 문제와 사고가 날 때마다 주민들이 품는 불안 등은 원자력에 대한 믿음과 신뢰를 의심하게 한다.

미래의 주인공인 아이들에게 후쿠시마 원전 사고의 사실적인 측면을 알릴 필요가 있다. 2011년 3월 11일, 일본 후쿠시마 근처의 태평양 해저에서 규모 9.0의 대지진이 발생하고 곧바로 쓰나미가 덮친다. 이 사고로 후쿠시마 제1 원전에서 사고가 발생했다. 원자로의 핵분열은 자동으로 긴급 억제되지만 전력 공급의 중단으로 냉각 시스템이 마비되었고, 핵연료봉이 고열에

『후쿠시마의 눈물』

김정희 글, 오승민 그림, 최열 감수, 사계절, 2017

쓰나미가 덮친 후 후쿠시마 원전 사고를 가까이에서 경험한 사람들의 이야기를 통해 핵분열 발전을 생각하게 한다.

노출돼 수소 폭발이 일어나 방사능이 묻은 수증기가 외부로 유출됐다.

우리나라에서는 이 사실만 알았을 뿐 그 지역에 살던 사람들의 사연을 몰랐다. 어떤 어려움을 겪었으며 지금은 어떻게 지내는지 자세히 모른다. 그림책은 우리가 몰랐던 사람들의 사연을 알려 준다. 사건을 아는 것과 그 사건의 중심에 있었던 사람의 이야기를 듣는 것은 엄청난 차이가 있다.

아이들은 에너지 관련 그림책을 읽으며 그동안 전기를 너무 낭비하지 않았나 생각했다고 한다. 원자력 발전소에서 사고가 일어나면 무섭다는 걸 알게 되었다는 반응도 나왔다. 코로나 때문에 에어컨을 켤 때 문을 열어 놓아야 해서 전기가 아깝다는 이야기도 했다. 물론 밀폐된 곳에서 전파력이 강한 전염병이 있다면 문을 열어 놓아야 안전하다. 하지만 혼자 있는데 에어컨을 켜는 것은 좀 생각해 봐야 한다.

생태 감수성 기르기

에너지를 공부하며 함께 한 생태 감수성 기르기 활동은 아이들과 집 안 전기 제품의 품목을 하나하나 따져 보는 것에서 출발했다. 전등을 비롯한 내 방의 가전제품, 부엌의 가전제품, 거실의 가전제품 등 하나하나 집 안 가전제품의 목록을 만들었다. 아이들은 그 수에 놀라워했다. 그리고 그 전기 제품을 효과적으로 사용하는 방법을 한국전력 누리집에 들어가 알아보았다. 전기 절약 홍보물을 제작하는 활동으로 포스터를 제작하여 게시하였다. 아이들은 '전기 절약'이 주제라고 하니 주로 멀티탭을 많이 그려 놓았다. 하지만 활동을 마친 소감을 통해 아이들이, 작지만 꽤 구체적인 실천 방법을 많이 떠올렸음을 알 수 있었다.

> 빈방 전등은 끄고 컴퓨터도 안전 모드로 하고,
> 텔레비전 볼륨을 낮추며, 냉장고 문을 자주 여닫지 말아야겠다.
> 핸드폰 충전을 밤새 했는데, 낮에 충전을 하면서 100%가 되면
> 분리할 것이다. 이 사실을 가족들에게도 알려 전기를
> 아끼도록 해야겠다. (김*윤)

나로부터 시작되는 환경 오염에 신경 써야겠다.
우리 가족의 규칙 중에 환경 운동도 포함해야겠다. (주*민)

혼자 있을 때 무서워서 베란다 불만 빼고 다 켜는 내 행동을 돌아보게 되었다. 다행히 우리 집은 멀티탭에 스위치가 달려 있어 매번 안 쓸 때는 꺼 놓는다. (최*민)

함께 읽어요

- 『나는 태양의 아이』(신동경 글, 정문주 그림, 풀빛, 2019)
- 『나의 히로시마』(모리모토 준코 글 · 그림, 도토리나무, 2015)
- 『말괄량이 바람 소녀와 풍력 발전』(키스 네글리 글 · 그림, 주니어김영사, 2020)
- 『바람으로 전기를 만들어』(해리엇 브런들 글 · 그림, 풀빛, 2021)
- 『바람이 불 때에』(레이먼드 브릭스 글 · 그림, 시공주니어, 1995)
- 『방사능 마을의 외톨이 아저씨』(김수희 글, 이경국 그림, 미래아이, 2016)
- 『시금치가 울고 있어요』(카마타 미노루 글, 하세가와 요시후미 그림, 푸른숲주니어, 2016)
- 『에너지 충전』(박종진 글, 송선옥 그림, 소원나무, 2019)
- 『지구를 위한 한 시간』(박주연 글, 조미자 그림, 한솔수북, 2011)
- 『희망의 목장』(모리 에토 글, 요시가 히사노리 그림, 해와나무, 2016)

광야에서 외치는 소리가 아니기를

어린이의 미래를 빼앗는 어른이 되지 않기 위해

생태 전환 교육에 관심을 가지고 달려온 지 제법 시간이 지났다. 2018년 첫 책 『하루 한 권 그림책 공감 수업』을 쓰면서도 생태 전환으로 그림책 이야기를 하게 될 줄은 몰랐다. 두 번째 책이 완성되며 생태 전환도 어쩌면 나의 일이 될지 모른다는 예상을 어렴풋이 했다. 하지만 그 일이 이렇게 당겨진 것에는 코로나19의 역할이 크다. 세계의 그림책 작가들이 코로나19를 겪으며 환경에 대해 다시금 생각하는 책들을 쏟아 냈기 때문에 이렇게 정리해 나갈 수 있었다. 코로나19로 기후 위기의 심각성이 점점 우리 인간을 향해 좁혀 오고 있으며, 이 시기를 조금이나마 늦출 수 있는 마지막 세대가 우리라는 위기의식이 생겼는지 모르겠다.

세계 곳곳에서 기후 위기로 인한 문제가 생겨나며 기후 행동을 촉구하는 사람이 많이 등장했다. 미래를 빼앗긴 어린 학생은 물론, 살날이 얼마 남지 않았기에 더 강력하게 말할 수 있다고 생각한 어르신들까지 기후 위기를 걱정하고 행동한다. 그러나 모두의 한 걸음은 쉽지 않다. 모두가 성큼성큼 걸어도 위기 대처에는 별로 표가 나지 않는데 한 걸음 떼기도 어려운 상황이다. 그럼에도 많은 사람이 목소리를 합해 쉼 없이 외치고 있다. 이제 그들의 외로운 손을 우리가 잡을 차례다.

그림책은 정서적으로 자극하고 순화된 표현으로 어떻게든 희망을 말하려 한다. 하지만 환경 문제가 발생한 곳의 영상을 보면 우리의 태도가 구태의연하다는 느낌을 지울 수 없다. 시시각각 변하는 지구의 상태는 안타깝기 그지없다. 기후 위기 수업을 진행하며 환경 다큐멘터리 프로그램 영상을 함께 보는 것이 좋다. 그림책은 동기를 부여하는 역할로, 영상은 현실을 보여주는 역할로 활용하며 학생들 스스로 문제의 심각성을 깨닫고 해결을 위한 행동이 절박함을 느끼도록 해야 한다.

이제 나도 나팔수가 되었다. 기후학자도 아니고, 생태 전문가도 아니지만, 기후 위기를 조금이라도 늦추는 일이라면, 소소하게라도 기후 행동으로 변화가 일어난다면 마다하지 않고 큰 소리로 외치는 나팔수가 되련다. 어린 나이에 세계 정상을 향하여 당당하게 말하는 많은 어린 환경운동가들에 비하면 부끄럽지만 그래도 목소리를 내어 우리 아이들의 미래를 어른이 빼앗는 일이 없도록 힘을 보탤 것이다.

이 장에서는 환경운동가를 소개하려 한다. 과학자로 출발하여 환경 오염이 심각함을 깨닫고 환경운동가로 변신하는 사람들이 많았다. 어린 환경운동가로는 대표적 인물로 그레타 툰베리를 이야기하지만, 그 외에도 아주 많은 어린이·청소년 활동가가 있다. 이 장에서 소개할 그림책은 많은 자료를 놓고 선별한 것이 아니다. 다양하게 구할 수 없어 충분한 자료를 바탕으로 하지 못했음을 미리 고백한다. 아직 환경운동가를 소개하는 인물 그림책 분야는 활발하지 않다.

우리의 미래를 빼앗지 마세요!

환경 운동의 시작이 된 책은 1962년에 나온 레이첼 카슨의 『침묵의 봄』이다. 젊은 날 이 책을 읽으며 무서움을 느꼈다. 살충제, 제초제, 농약이 얼마나 환경을 파괴하는지 알게 되었기 때문이다. 이 책을 읽고 난 후 자연에 뿌리는 화학 약품과 관련하여 수업을 할 때면 심각해졌다. 책의 경고는 모두 사실임이 밝혀졌으니 지금은 살충제와 같은 화학 약품의 사용이 줄어들었을까? 아니다. 경고에도 불구하고 계속 사용하고 있기에 오늘날의 기후 위기를 마주하고 있는지도 모른다.

레이첼 카슨의 이야기를 담은 그림책은 비교적 쉽게 만날 수

『자연을 사랑한 과학자 레이첼 카슨』

에이미 에를리히 글, 웬들 마이너 그림,
김재희 옮김, 아이세움, 2007

살충제의 위험성을 알린 과학자, 레이첼 카슨의 어린 시절 이야기부터 담겨 있다. 레이첼 카슨과 『침묵의 봄』에서 환경 운동이 시작되었다.

있었다. 내가 선택한 책은 레이첼 카슨의 전 생애를 비교적 소상하게 담고 있는 것으로 『자연을 사랑한 과학자 레이첼 카슨』이다. 이 책의 특징은 에피소드를 연도순으로 정리하여 레이첼 카슨이 누구인지 모르는 사람도 쉽게 읽을 수 있다는 것이다.

문학 소녀로 작가의 꿈을 키운 레이첼은 대학에 들어가 생물학을 공부하고, 생명의 신비로운 세계에 경이로움을 느끼며 글을 쓰는 과학자의 길로 접어든다. 우주홀 해양 연구소에 근무하며 바다에 푹 빠지고, 깊은 곳을 탐사하기도 하며, 해양 생태계에 대한 글을 써 그 신비로움을 일반인들에게 소개하는 작가가 된다. 그러다 1958년 살충제를 뿌린 후 새가 죽었다는 친구의 편지를 받고 살충제의 위험성을 조사하기 시작한다. 살충제는 모기뿐 아니라 새, 메뚜기, 나비, 벌은 물론 물에 흘러들어 물고기를 죽이고, 들판에 퍼져 풀을 뜯어 먹은 젖소의 몸에 독을 퍼뜨리고, 그 젖소의 우유와 고기를 먹은 우리 몸까지 도착한다는 사실을 알아냈다. 꼬박 4년 동안 이 살충제의 문제를 글로 써 세상에 내놓은 책이 『침묵의 봄』(1962)이다. 이 책이 출판된 뒤 엄청난 지지를 받기도 했으나 그보다 많은 협박을 받았다. 1964년 레이첼이 숨을 거둔 후 대통령 특별자문위원회는 레이첼의 살충제 보고서는 한 점도 틀린 데가 없음을 확인했다.

환경 운동의 시발점은 1962년 『침묵의 봄』이 세상에 나온 일이라고 할 수 있다. 살충제를 비롯한 제초제, 농약이 환경을 얼마나 파괴하는지를 감시하는 사람들이 늘어났으며 화학 물질이 어떻게 이동하는지, 어떤 위험이 있는지 연구하고 밝혀내는 사람들이 생겼고, 이를 적극적으로 일반인에게 알리는 환경운동가도 생겼다.

심연의 바다를 보고 '바다 살리기'에 앞장선 두 사람을 소개하려 한다. 여성 해양학자인 실비아 얼의 『나의 아름다운 바다』와 산호초를 살려 내 바다로 돌려보내는 켄과 산호복구재단에 관한 그림책 『눈부신 바다』이다.

실비아 얼은 과학자로 태어난 사람이다. 실비아는 시골에서 자랐는데 자연은 언제나 탐구의 대상이었다. 스스로 식물학자, 생물학자라고 생각할 정도였다. 열두 살 되던 해에 실비아 가

『나의 아름다운 바다』

클레어 A. 니볼라 글·그림, 이선호 옮김, 봄나무, 2012

해양과학자에서 환경운동가로 변한 실비아는 바다를 살리는 일이 우리가 사는 일이라고 한다.

『눈부신 바다』

케이트 메스너 글, 매튜 포사이드 그림, 안지원 옮김, 봄의정원, 2018

바다의 수온 상승으로 바다 숲인 산호가 사라지면 물고기가 사라진다. 바다 생명 그물이 온전해지도록 노력하는 이야기다.

족은 플로리다주 클리어워터시로 이사했는데 그곳은 멕시코만에 위치한 따뜻한 바닷가였다. 이때부터 실비아는 바다에 푹 빠졌다. 바다는 실비아에게 새로운 생물로 가득한 살아 있는 수영장이었다. 잠수 장비를 갖추고 바닷속에 더 깊이, 더 오래 머무르며 해양을 연구하는 게 최고로 행복한 일이었다. 인도양 탐사선에선 유일한 여성인 게 문제가 되지 않았으며, 더 깊이 내려가려는 일에 임신도 문제가 되지 않았다. 실비아의 해저 탐사는 '해저 탐사 발전 과정'이라고 할 정도였다. 더 깊은 곳을 탐사할 도구가 발달하면 기꺼이 실험해 보기도 했다. 이런 열정으로 실비아는 탐사선 개발에도 참여한다. 실비아는 바다를 깊이 사랑했고, 깊은 바다를 보면서 바다가 '생명이 살아 있는 우주'라 생각했다. 그리고 자신이 관찰한 내용을 말하려 바다 환경운동가가 되었다. 그 아름다운 심연의 바다에서 발견한 것은 쓰레기였기 때문이다. 인간의 눈에 보이지 않는다고 쓰레기가 사라지는 것은 아니었다.

육지든 바다든 그곳에 터를 잡고 사는 다양한 생물이 그곳의 주인이다. 생물의 다양성에 감탄하며 똑같은 것이 없다는 발견이 지구를 더욱 아름답게 느끼게 하는 원천이다. 그런데 그 다양성이 자꾸 사라지고 있다는 것을, 바다가 시간이 지날수록 황폐하게 변하고 있다는 것을 발견한 과학자의 심정이 어땠을까 생각해 보는 시간이 되었으면 좋겠다.

『눈부신 바다 - 바다의 숲, 산호초를 살리는 사람들』은 해수 온도가 빠르게 높아지면서 이에 적응하지 못해 죽어 가는 산호초를 복구하는 산호복구재단을 중심으로 그린 책이다.

플로리다주의 케네디 우주센터 가까이 살던 켄은 미국 항공우주국(NASA)의 엔지니어로 일하는 아버지를 두었다. 그러나 켄의 관심은 바다였다. 켄은 틈날 때마다 바다에 가 오랫동안 헤엄치며 놀았다. 특히 그의 관심을 끈 것은 산호초였다. 산호초는 아주 아름다운 '바다의 숲'이었다. 켄은 바다가 더 알고 싶어 스쿠버 다이빙을 배웠다. 그의 방에는 바다 생물이 자라는 30개의 수조가 있었다. 유난히 더운 어느 해 여름이었다. 켄은 산호가 빛을 잃어 가고 물고기가 줄어들었다는 것을 알게 되었다. 또 성게가 죽어 갔다. 그때는 수온 상승이 산호초를 죽게 하는 원인이라는 것도, 성게가 산호초를 돌보는 정원사라는 것도 몰랐다. 켄이 산호초를 구하기 위해 할 수 있는 일은 없었다.

어른이 된 켄은 플로리다키스 제도에서 바다 암석을 키우고 관리하는 일을 했다. 바다 암석은 바닷속 작은 생물들이 붙어 있는 돌로, 이 작은 생물은 바닷속에 생긴 독성 물질을 걸러 주는 역할을 했다. 켄은 깨끗한 돌을 바다에 놓고 생명체가 자리 잡기를 기다렸다. 어느 날 산호가 새 생명을 만들기 시작했는데 켄이 가져다 놓은 암석 위에도 자리 잡았다. 켄은 그 돌을 가져와 산호가 자라면 잘라 다른 암석에 붙이는 실험으로 더 많은 산호를 키워 바다로 가 옮겨 심었다. 속도는 매우 느렸지만, 산호가 사라진 바다에 산호를 되돌려 놓을 수 있었다. 이 일을 많은 사람이 도와주며 '산호복구재단'이 설립되었다.

산호는 뼈가 없는 무척추 생물이다. 탄산칼슘을 몸에서 내보내 딱딱한 외골격을 만든다. 나무처럼 탄소를 흡수하는 산호초는 물고기들의 서식처가 되기도 하고 산란처가 되기도 했다. 지구 온난화로 세계 곳곳의 산호초가 사라지고 있으며 물고기를 잡을 때 사용한 화학 약품으로 바닷물이 오염되어 건강한 산호초가 많지 않다고 한다.

마지막으로 소개하는 환경운동가는 그레타 툰베리다. 그레타 툰베리를 소개하는 그림책으로 선택한 것은 『그레타 툰베리가 외쳐요!』다.

그림책은 그레타가 '기후를 위한 등교 거부'를 시작하는 내용이 핵심을 이룬다. 2018년 그 일을 시작하기 전까지, 그레타는 말을 하지 않는 그림자 같은 아이, 강아지 록시와 함께 하는 아이라고만 나온다. 하지만 지도하는 사람은 얼마나 힘겨운 4년(2014~2018년)을 보냈는지 알 필요가 있다.

그레타의 가족(엄마, 아빠, 그레타, 동생)이 쓴 『그레타 툰베리의 금요일』(그레타 툰베리 외 3인 지음, 고영아 옮김, 책담, 2019)은

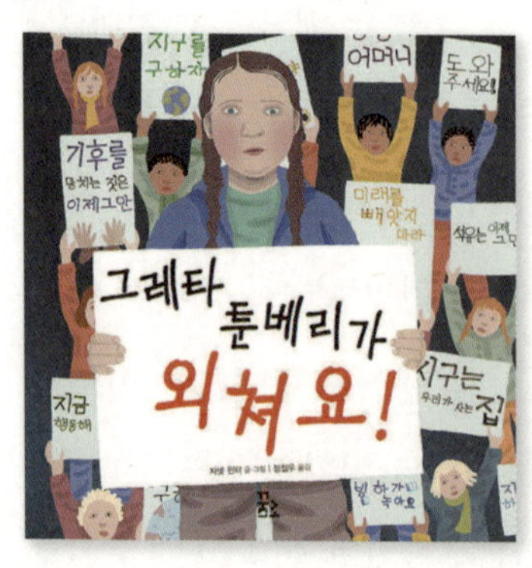

『그레타 툰베리가 외쳐요!』

자넷 윈터 글·그림, 정철우 옮김, 꿈꾸는섬, 2020

10대에 홀로 환경 운동을 시작한 그레타의 이야기로 우리의 행동이 하루빨리 변하기를 독려하고 있다.

좋은 참고 자료가 된다. 이 책에서 조용한 아이였던 그레타가 5학년 어느 날, 기후 위기에 관한 수업을 받은 후 확 변한다. 매 순간 울고 있는 아이, 식사를 거부하는 아이, 기후 위기에 모든 신경이 집중된 강박적인 아이로 달라진다. 그레타는 학교에서는 왕따를 당하고, 주변에서 관심을 표현할수록 입을 다물어 버린다. 의사는 아스퍼거 증후군과 고기능 자폐 장애, 강박 장애, 선택적 함묵증 등으로 진단을 내린다. 『그레타 툰베리의 금요일』은 가족이 이 과정에서 얼마나 힘겨운 시간을 보내야 했는지 낱낱이 보여 준다. 세계의 지도자들 앞에서 당당하게 말하는 그레타를 생각하면 쉽게 연결되지 않지만, 힘겨운 시간을 지나온 것이다. 진단 병명의 공통적인 행동 특성은 자기의 관심 분야에 강박적으로 빠진다는 것이다. 그레타에게 그것은 '기후 위기'였다. 그레타는 기후 위기가 세계 곳곳에서 발생하는데도 해결하려 노력하지 않는 어른들에게 분노했다. 툰베리가 환경 보전을 실천하자고 세계 시민에게 호소하면서, 그의 외로운 외침에 동참하는 이들이 생겨났다. '지구의 영혼을 나눈 그레타'라는 생각이 든다. 덕분에 온 가족이 환경운동가가 되었다.

4년이라는 고통스러운 시간을 보낸 그레타는 '기후를 위한 등교 거부' 팻말을 들고 금요일마다 학교 대신 국회의사당으로 가 1인 시위를 벌였다. 처음에는 사람들이 눈길도 주지 않았지만, 시위 소식은 곳곳으로 퍼져 나갔고, 그레타와 함께 하는 사람들이 늘어났다. 혼자 시작한 일이 스톡홀름 전체로 퍼져 나가고, 스톡홀름 밖으로 퍼져 나가 세계 곳곳의 아이들이 함께하기에 이르렀다.

"당신들은 우리가 보는 앞에서 우리의 미래를
도둑질하고 있어요."
"화석 연료는 그만 써야 해요.
땅속에 그대로 두어야 한다고요!"
"여러분이 희망을 품지 않았으면 좋겠어요.
공포에 떨었으면 좋겠어요.
미래가 없다는 현실을 똑똑히 보고, 무서워하라고요!
자기 집에 불이 난 것처럼 재빨리 행동하세요!
정말, 지구가 불타고 있으니까요!"
"이제 당신은 무엇을 할 건가요?"

지구를 위하는 일에는 남녀노소 차이가 없다. 사소한 기후 행동이라도 실천해 나가면 된다. 일상생활에 탄소 발자국, 물 발자국을 생각하는 시스템 사고를 연결할 수 있다면, 소비와 쓰레기를 연결할 수 있다면, 순간순간의 실천이 습관이 된다면 모두가 지구를 살리는 사람이 될 것이다.

생태 감수성 기르기

생태 감수성 기르기 마지막 활동은 그림책 만들기로, 완성한 작품 2편을 소개하며 마무리하려 한다. 4개월이란 긴 시간 동안 아이들은 창작의 고통을 견뎌야 했다. 나의 피드백은 뜬구름 잡는 식일 때가 많다. 내가 작품에 개입하지 않고 아이들의 힘으로 작품을 완성해야 성취감을 최대로 끌어올릴 수 있기 때문이다.

우리 학급에서는 지난 5년간 4개월 프로젝트로 '나만의 그림책 만들기' 수업을 진행해 왔다. 2021년에는 그동안 읽은 '기후위기 그림책'으로 주제를 잡으려는 아이들이 많았다. 진심이 묻어나는 자신의 언어가 들어가야 한다고, 들은 이야기를 나열하는 것으로는 그림책이 될 수 없다고 몇 차례 설득하는 과정을 거치며, 자기의 언어로 생각이 담기는 그림책을 만들어 나갔다.

몇 차례 서사 피드백을 거친 후, 손톱 스케치로 들어가고, 더미 북을 만들고 난 후에야 켄트지에 그림 작업을 시작한다. 기후 위기 그림책을 읽어 나가며 가장 많은 활동지를 정리하는 과정에서 생각을 키워 나가던 오세훈 어린이 작가는 처음부터 '환경 그림책'으로 작품 주제를 잡았다.

인간의 머리카락 하나를 가지고 태어난 아이 '남우'는 숲이 황폐해지고 다시 살아나는 수십 년의 이야기를 풀어낸다. '문제가 생기고 난 뒤에 해결하려 하기보다는 문제가 발생하지 않도

오세훈 어린이 작가의 그림책

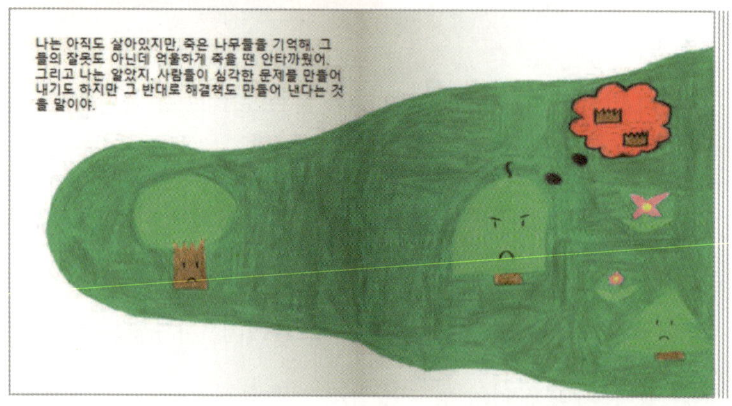

록 하는 것이 현명하다.'라며 숲을 가꾸는 일의 중요함을 이야기한다.

북 토크를 진행하며 "왜 인간의 머리카락이 한 개 있는 주인공을 만들었나요?" 하고 질문하자 오세훈 어린이 작가는 "숲에 나무를 그려 넣자 누가 주인공인지 표시가 나지 않아 그렇게 했습니다."라고 답했다. 제목도 재미있다. 쓰기는 '남우'이지만 소리 내어 발음하면 '나무'가 된다. 작가로서 아주 세심하게 신경 써 완성한 작품이다. 오세훈 어린이 작가는 그림책 만들기 프로젝트 수업에 가장 열성을 보였다. 본문이 완성되는 순서로 발표했는데 이 작품이 1번 작품이다.

다음은 박시현 어린이 작가의 『공존이란』이다. 서사 쓰기에서 많이 고민했다. 사춘기 소녀의 이야기를 쓰다가 어느 날 이 서사를 가지고 왔다. 첫 느낌이 판타지 소설을 보는 기분이었

박시현 어린이 작가의 그림책

다. 언어를 간결하게, 시적으로 바꿔 가며 서사를 완성하고, 그림을 그려 나갔다. '공존'의 개념을 다른 학자의 말을 인용했기에 자기 언어로 다시 정의 내리기를 하라고 주문했다.

주인공은 실험실을 뛰쳐나온 돼지 에릭이다. 숲속 동물들에게 구조된 에릭은 어마어마한 계획을 듣는다. 바로 동물을 함부로 대한 인간을 공격한다는 것이다. 꼼꼼하게 점검하고 준비한 당일 먼저 동물원을 습격하여 동물들을 풀어 주고 함께 마을로 향한다. 수많은 피를 흘린 후에야 인간과 동물은 '공존'을 말한다. '공존이란, 서로의 본성을 그대로 존중해 함께 살기만 한다면 바로 그것이 공존'이라고.

앞의 장면은 마지막 장면이다. 공존을 상징적으로 표현한다면 어떤 모습일까 고민했다. 박시현 어린이 작가는 인간이 동물을 안고 있는 장면을 그리겠다고 하더니 앞선 그림으로 마무리했다. 왜 바뀌었냐고 하니 "안고 있다면 반려동물로 보일 거 같아 이렇게 표현했어요." 한다. 그 대답 한마디로 '어린이 작가'라는 호칭이 결코, 가볍지 않음이 느껴졌다.

함께 읽어요

- 『그레타 툰베리, 세상을 바꾸다』(가브리엘라 친퀘 글, 바밀 그림, 보물창고, 2021)
- 『나무들의 어머니』(지네트 윈터 글 · 그림, 미래아이, 2012)
- 『내 친구 제인』(패드릭 맥도넬 글 · 그림, 웅진주니어, 2012)
- 『레이첼 카슨 - 자연 그 아름답고 놀라운 세계 속으로』(조지프 브루책 글, 토마스 로커 그림, 초록개구리, 2006)
- 『맹그로브 - 마을을 살린 특별한 나무』(수전 L. 로스, 신디 트럼보어 글, 수전 L. 로스 그림, 다섯수레, 2012)
- 『지구 지킴이 레이첼 카슨』(데버러 와일즈 글, 대니얼 미야레스 그림, 보물창고, 2021)

'환경과 생태'를 주제로 참고한 책

정보 그림책

- 『1도가 올라가면 어떻게 될까?』(크리스티나 샤르마허-슈라이버 글, 슈테파니 마리안 그림, 박종대 옮김, 책읽는곰, 2022)
- 『기후 변화가 내 탓이라고?』(앨리스 하먼 글, 안드레스 로자나 그림, 신동경 옮김, 그레이트북스, 2021)
- 『기후 변화에 관심을 가져야 하는 12가지 이유』(조소정 글, 신외근 그림, 단비어린이, 2020)
- 『기후 위기, 지구가 아파요』(데이비드 웨스트·올리버 웨스트 글·그림, 장미정 옮김, 지구별어린이, 2021)
- 『기후 위기 안내서』(안드레아 미놀리오 글, 라우라 파넬리 그림, 김지우 옮김, 최원형 감수, 원더박스, 2021)
- 『세계가 만일 100명의 마을이라면 - 환경편』(이케다 가요코 엮음, 한성례 옮김, 국일미디어, 2018)
- 『어려도 지구는 우리가 구할 거야!』(롤 커비 글, 아델리나 리리어스 그림, 심연희 옮김, 책읽는곰, 2022)
- 『우리는 지구를 지킬 권리가 있어요』(알랭 세르 글, 오렐리아 프롱티 그림, 김자연 옮김, 라임, 2021)
- 『지구는 내가 지킬 거야!』(존 버닝햄 글·그림, 이상희 옮김, 비룡소, 2020)
- 『지구를 죽이는 1초 지구를 살리는 1초』(하오 광차이 글, 페드로 페니조토 그림, 이재훈 옮김, 미세기, 2016)

- 『초등학생이 알아야 할 지구 환경과 기후 변화 100가지』(로즈 홀 외 8인 글, 파코 폴로 외 5인 그림, 제니 오프리 외 7인 디자인, 마이크 버너스-리 외 2인 감수, 신인수 옮김, 어스본코리아, 2021)

어린이·청소년 책

- 『10대와 통하는 기후 정의 이야기』(권희중, 신승철 지음, 철수와영희, 2021)
- 『거꾸로 환경시계 탐구생활』(박숙현 글, 원혜진 그림, 파란자전거, 2018)
- 『그림으로 읽는 친절한 기후 위기 이야기』(인포비주얼 연구소 지음, 위정훈 옮김, 김종성 감수, 북피움, 2021)
- 『기후 변화 쫌 아는 10대』(이지유 글·그림, 풀빛, 2020)
- 『기후 악당』(박수현 글, 박지애 그림, 내일을여는책, 2021)
- 『기후위기, 과학이 말하다』(존 쿡 지음, 홍소정 옮김, 청송재, 2021)
- 『동물원 동물은 행복할까?』(로브 레이들로 지음, 박성실 옮김, 책공장더불어, 2012)
- 『멋진 지구인이 될 거야 1·2』(박현미 글·그림, 그리다숲, 2020-2021)
- 『미래가 온다, 기후 위기』(김성화, 권수진 글, 허지영 그림, 와이즈만북스, 2021)
- 『바나나가 정말 없어진다고?』(김은의 글, 끌레몽 그림, 풀과바람, 2019)
- 『바다의 생물, 플라스틱』(아나 페구, 이자베우 밍뇨스 마르칭스 글, 베르나르두 카르발류 그림, 이나현 옮김, 살림 어린이, 2020)
- 『불 때문에 난리, 물 때문에 법석! 기후 위기』(신방실 글, 시미씨 그림, 서울과학교사모임 감수, 지학사아르볼, 2021)
- 『생각이 크는 인문학 19: 기후 위기』(신방실 글, 이진아 그림, 을파소, 2020)
- 『생명을 위협하는 공기 쓰레기, 미세먼지 이야기』(박선희 글, 박선하 그림, 팜파스, 2019)
- 『선생님, 기후 위기가 뭐예요?』(최원형 글, 김규정 그림, 철수와영희, 2020)

- 『선생님, 동물 권리가 뭐예요?』(이유미 글, 김규정 그림, 철수와영희, 2019)
- 『아낄수록 밝아지는 에너지』(박주혜 글, 김규준 그림, 뭉치, 2020)
- 『오늘 미세먼지 매우 나쁨』(양혜원 글, 소복이 그림, 위즈덤하우스, 2016)
- 『왜 기후변화가 문제일까?』(공우석 지음, 반니, 2018)
- 『왜요, 기후가 어떤데요?』(최원형 글, 김예지 그림, 동녘, 2021)
- 『우리 같이 착한 소비』(조희정 글, 나인완 그림, 그레이트북스, 2021)
- 『이상한 기후, 그래서 우리는?』(크리스티나 헬트만 지음, 유영미 옮김, 픽, 2021)
- 『이제 전쟁 난민보다 환경 난민이 많대요』(장성익 지음, 풀빛미디어, 2021)
- 『이토록 불편한 고기』(크리스토프 드뢰서 글, 노라 코에넨베르크 그림, 신동경 옮김, 그레이트북스, 2021)
- 『인류만이 남기는 흔적, 쓰레기』(박상곤 글, 이경국 그림, 미래아이, 2018)
- 『자연의 마지막 경고, 기후 변화』(김은숙 글, 이경국 그림, 미래아이, 2020)
- 『잘 가, 비닐봉지야!』(양서윤 글, 이다혜 그림, 초록개구리, 2021)
- 『장군바위의 콧수염』(김고운매 글, 이해정 그림, 와이즈만 영재교육연구소 감수, 와이즈만북스, 2014)
- 『지구야, 물을 지켜 줄게』(글렌 머피 글, 박어진 그림, 이충호 옮김, 다림, 2010)
- 『초등학생이 알아야 할 참 쉬운 기후 위기』(앤디 프렌티스, 에디 레이놀즈 글, 보르자 라몬 로페스 코텔로 그림, 제이미 볼, 프레야 해리슨 디자인, 스티븐 스미스, 아제이 감비르 감수, 고정아 옮김, 어스본코리아, 2021)
- 『초록 세상을 만들어요』(윤희정 글, 김성영 그림, 아이앤북, 2012)
- 『콸콸콸 STOP! 우리나라도 위험해요 소중한 물』(남상욱 글, 김수연 그림, 뭉치, 2021)
- 『하늘이 딱딱했대?』(신원미 글, 애슝 그림, 천개의바람, 2019)
- 『햄버거가 뚝!』(신정민 글, 박연옥 그림, 파란자전거, 2010)

기후 위기에 관해 공부하며 읽은 책

- 『2050 거주불능 지구』(데이비드 월러스 웰즈 지음, 김재경 옮김, 추수밭, 2020)
- 『교육연극으로 만나는 환경수업』(이주진 지음, 우리교육, 2012)
- 『그레타 툰베리와 함께하는 기후행동』(이순희, 최동진 지음, 빈빈책방, 2019)
- 『그레타 툰베리의 금요일』(그레타 툰베리 외 3인 지음, 고영아 옮김, 책담, 2020)
- 『기후변화의 과학과 정치』(정진영 외 6인 지음, 경희대학교출판부, 2019)
- 『기후변화, 이제는 감정적으로 이야기할 때』(리베카 헌틀리 지음, 이민희 옮김, 양철북, 2022)
- 『기후위기 과학특강: "도와줘요, 기후 박사!"』(김해동 지음, 한티재, 2021)
- 『기후 위기, 마지막 경고』(서형석 지음, 문예춘추사, 2021)
- 『기후 위기, 불평등, 재앙』(장호종 외 7인 지음, 책갈피, 2021)
- 『기후 위기 시대, 12가지 쟁점』(강성진 외 11인 지음, 정태용 엮음, 박영스토리, 2021)
- 『기후위기와 불평등에 맞선 그린뉴딜』(김병권 지음, 책숲, 2020)
- 『기후위기인간』(구희 글·그림, 이유진 감수, 알에이치코리아, 2023)
- 『기후 위기 시대의 환경교육:세 학교 이야기』(남미자 외 5인 지음, 학이시습, 2021)
- 『기후정의선언』(우리 모두의 일 지음, 이세진 옮김, 마농지, 2020)
- 『나는 풍요로웠고, 지구는 달라졌다』(호프 자런 지음, 김은령 옮김, 김영사, 2020)
- 『내일은 못 먹을지도 몰라』(시어도어 C. 듀머스 지음, 정미진 옮김, 롤러코스터, 2021)
- 『누가 왜 기후변화를 부정하는가』(마이클 만, 톰 톨스 지음, 정태현 옮김, 미래인, 2017)
- 『누가 지구를 망치는가』(반다나 시바, 카르티케이 시바 지음, 추선영 옮김, 책과함께, 2022)
- 『달력으로 배우는 지구환경 수업』(최원형 지음, 블랙피쉬, 2021)

- 『대체에너지 - 새로운 성장동력』(이강후 지음, 북스힐, 2008)
- 『두 번째 지구는 없다』(타일러 라쉬 지음, 이영란 감수, 알에치코리아, 2020)
- 『미래가 우리 손을 떠나기 전에』(나오미 클라인, 리베카 스테포프 지음, 이순희 옮김, 열린책들, 2022)
- 『반反종차별주의』(에므리크 카롱 지음, 류은소라 옮김, 열린책들, 2022)
- 『불타는 지구를 그림이 보여주는 것은 아니지만』(우석영 지음, 마농지, 2022)
- 『빌 게이츠, 기후재앙을 피하는 법』(빌 게이츠 지음, 김민주, 이엽 옮김, 김영사, 2021)
- 『살고 싶다, 사는 동안 더 행복하길 바라고』(전범선 지음, 포르체, 2021)
- 『살아남은 자의 조건』(지식채널e 제작팀 지음, EBS북스, 2020)
- 『생태계와 환경오염』(박정수 지음, 국립생태원, 2016)
- 『생태문명』(이창호 지음, 북그루, 2021)
- 『생태적 전환, 슬기로운 지구 생활을 위하여』(최재천 지음, 김영사, 2021)
- 『세상은 보이지 않는 끈으로 연결되어 있다』(최원형 지음, 샘터, 2020)
- 『시스템사고와 함께하는 기후변화 플레이북』(데니스 메도즈 외 2인 지음, 정창권 옮김, 지식플랫폼, 2019)
- 『식량위기 대한민국』(남재작 지음, 웨일북, 2022)
- 『얘들아, 생태환경 놀이 가자!』(김용만 지음, 책장속북스, 2021)
- 『에코왕 챌린지』(녹색연합 지음, 책밥, 2021)
- 『우리는 가장 빠르고 확실하게 죽어가고 있다』(건국대 인류세인문학단 지음, 들녘, 2020)
- 『우리는 미래를 훔쳐 쓰고 있다』(레스터 브라운 지음, 이종욱 옮김, 도요새, 2011)
- 『우리는 플라스틱 없이 살기로 했다』(산드라 크라우트바슐 지음, 류동수 옮김, 양철북, 2016)
- 『이토록 다정한 기술』(변택주 지음, 김영사, 2023)
- 『인간이 만든 재앙, 기후변화와 환경의 역습』(반기성 지음, 프리스마, 2018)

- 『인류세에서 죽음을 배우다』(로이 스크랜턴 지음, 안규남 옮김, 시프, 2023)
- 『인류세와 코로나 팬데믹』(최병두 지음, 한울, 2021)
- 『인류세의 모험』(가이아 빈스 지음, 김명주 옮김, 곰출판, 2018)
- 『인수공통 모든 전염병의 열쇠』(데이비드 콰먼 지음, 강병철 옮김, 꿈꿀자유, 2020)
- 『적을수록 풍요롭다』(제이슨 히켈 지음, 김현우, 민정희 옮김, 창비, 2021)
- 『지구를 구한다는 거짓말』(스티븐 E. 쿠닌 지음, 박설영 옮김, 박석순 감수, 한국경제신문, 2022)
- 『지구를 살리는 기후 위기 수업』(이영경 지음, 한언출판사, 2022)
- 『지구를 살리는 옷장』(박진영, 신하나 지음, 창비, 2022)
- 『지구를 항해하는 초록배에 탑니다』(김연식 지음, 문학수첩, 2021)
- 『지구의 운명 평화로 가는 길』(이리나 보코바, 조인원 지음, 경희대학교출판문화원, 2018)
- 『지금 우리가 바꾼다』(일로나 코글린, 마렉 로데 지음, 하리타 옮김, 슬로비, 2023)
- 『지금 우리가 할 수 있는 일』(에두아르도 가르시아 글, 사라 보카치니 메도스 그림, 송근아 옮김, 청어람미디어, 2023)
- 『찬미 받으소서 - 프란치스코 교황 회칙』(한국천주교회의 옮김, 2021)
- 『최종 경고: 6도의 멸종』(마크 라이너스 지음, 김아림 옮김, 세종, 2022)
- 『플라스틱 수프』(미힐 로스캄 아빙 지음, 김연옥 옮김, 양철북, 2020)
- 『한배를 탄 지구인을 위한 가이드』(크리스티아나 피게레스, 톰 리빗카낵 지음, 홍한결 옮김, 김영사, 2020)
- 『함께 모여 기후변화를 말하다』(와다 다케시 외 3인 지음, 자연의벗연구소 옮김, 안병옥 감수, 북센스, 2016)
- 『핫타임』(모집 라티프 지음, 김지유 옮김, 씨마스21, 2022)

생태 감수성을 기르는 그림책 수업

1판 1쇄 발행 2023년 4월 24일
2쇄 발행 2024년 5월 7일

지은이 이태숙
펴낸이 한기호
책임편집 박혜리
교정 박사례
편집 여문주, 서정원, 송원빈, 이선진
본부장 연용호
마케팅 하미영
경영지원 김윤아
디자인 토가 김선태
인쇄 예림인쇄

펴낸곳 (주)학교도서관저널
출판등록 제2009-000231호(2009년 10월 15일)
주소 04029 서울시 마포구 동교로 12안길 14(서교동) 삼성빌딩 A동 3층
전화 02-322-9677 팩스 02-6918-0818
전자우편 slj9677@gmail.com
홈페이지 www.slj.co.kr

ISBN 978-89-6915-144-5 03370

- 책값은 뒤표지에 있습니다.